Der hermetische Bund teilt mit:
Sonderausgabe Nr. IV

Dhyana und Samadhi im Mongolischen Lamaismus

Prof. A. M. Pozdnejev

Mein Dank geht an Peter Windsheimer für das Design des Titelbildes. Des Weiteren an Ariane und Michael Sauter.

Für Schäden, die durch falsches Herangehen an die Übungen an Körper, Seele und Geist entstehen könnten, übernehmen Verlag und Autor keine Haftung.

Herstellung und Verlag:
BoD – Books on Demand, Norderstedt
ISBN 978-3-7386-1864-8

Vorwort:

Ich möchte einige einleitende Worte zu dieser wirklich seltenen und äußerst wertvollen Schrift sagen. Selbst Ernst Qunitscher sagte zu Ariane, dass es in den 20ern Bücher gab, die wahrlich Perlen der okkulten Literatur waren. Nur die zu finden, ist nahezu unmöglich. Doch unser Verlag hat wahrlich lange gesucht, bis er diesen buddhistischen Schatz der hermetischen Literatur gefunden hat. In einem Katalog über okkulte antiquarische Bücher stand so nebenbei dieses Werk gestempelt von dem Pansophen und Okkultisten Heinrich Tränker. Sein seltsamer Titel stach mir sofort ins Auge, so dass ich es bestellte. Zum Glück, wie der Leser nach dem Studium dieses Buches feststellen wird, tat ich das, denn die darin befindlichen Lehren decken sich mit der Ideologie der hermetischen Bücher von Franz Bardon. Es werden verschiedene Meditationen zur Beherrschung der Leidenschaften aufgezählt, Übungen mit den vier Elementen, die einzelnen Stufen der Gottverbundenheit erklärt, die Verbindung mit der persönlichen und der unpersönlichen Gottheit – Dhyani-Buddhas – erwähnt, welche im „Adepten", im ersten kleinem Arkanum und in der 4. Tarotkarte am besten beschrieben stehen.

Wir veröffentlichen deshalb diese buddhistische Schrift, weil sie sehr viele Analogien zwischen den Lehren der einzelnen Ländern aufweist, damit der Schüler sieht, dass in allen Himmelsrichtungen die gleichen Übungen und Exerzitien praktiziert werden. Nur die Begriffe unterscheiden sich, so dass der Neophyt des jeweiligen Landes sie in seiner Sprache besser verstehen kann.

Leider war es den verschiedenen Logen- und Ordensmeistern wie Herrn Tränker nicht möglich, in dem frühen 20sten Jahrhundert darüber seinen Schülern genauere Auskunft zu geben. Hätten sie das getan, wäre die Sucherei von vielen Schülern schnell beendet gewesen und sie hätten ihr lang ersehntes Ziel eher erreicht.

Auch der moderne Buddhismus ist bedauerlicherweise von selbsternannten Meistern und Gurus, angeblichen geheimnisvollen „Retreats" und Gruppenheucheleien durchzogen, so dass es sehr schwer wird, das Wahre von Falschen zu unterscheiden. Da keiner die Wahrheit vertreten will, so soll nun diese kleine Schrift dazu verhelfen, einen wunderbaren Einblick in östliche Geheimlehren über Dhyani und Samadhi zu bekommen. Über letzteres wird in diesem Büchlein anhand einer langen Liste von über 100 verschiedenen Formen des Samadhis berichtet. Unverständlicherweise wurde hierüber bis jetzt noch nie in der okkulten Literatur geschrieben, was mich sehr nachdenklich stimmte, da die Gottverbundenheit den entscheidenden Faktor in der Entwicklung spielt.

Hohenstätten

Untersuchungen
zur
Geschichte des Buddhismus
und verwandter Gebiete

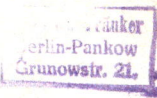

XXIII.

Dhyāna und Samādhi im Mongolischen Lamaismus

von

Professor A. M. Pozdnejev.

Aus dem Russischen übersetzt und eingeleitet von

W. A. Unkrig.

HANNOVER 1927
ORIENT-BUCHHANDLUNG HEINZ LAFAIRE K.-G.

In Heilers religionsgeschichtlicher Untersuchung „Die buddhistische Versenkung" (München 1918) lesen wir auf Seite 3 folgenden Passus: „Buddhismus ist nicht, wie viele Abendländer glauben, herber Weltschmerz, wehmütiges Mitleid gegen alle Wesen und schmachtende Nirvana-Sehnsucht, sondern ein angespanntes Ringen nach dem Heil, nach der reinen Leidenschaftslosigkeit und der befreienden Erkenntnis, ein Ringen in unermüdlicher Selbstzucht und Selbstertötung, in angestrengter Meditation und Versenkung".

In diesen Worten ist einmal im Gegensatz zu allen Tendenzen, die Buddhismus und Christentum unter einen Hut bringen wollen, klar der Unterschied zwischen beiden Religionen präzisiert (wenn wir die anerzogenen Anschauungen uns vergegenwärtigen), dann aber auch das, was für jeden im Sinne seines Lehrsystems vorwärtsstrebenden und auf sein Heil bedachten Buddhisten Weg und Ziel seines Wagens, Willens und Wandels sein soll. Im Brennpunkt dieser letzteren Gedankenwelt liegen Dhyana und Samadhi, beides Begriffe, die „viel verwechselt und identifiziert werden, selbst von den buddhistischen Dogmatikern, aber keineswegs zusammenfallen" (op. cit. 11). Ihre Formen der Auswirkung, der Betätigung sind nun, so möchte ich behaupten, dasjenige Gebiet des Lamaismus, auf dem sein Zusammenhang mit dem genuinen Buddhismus noch am allerwenigsten von den Einflüssen verwischt worden ist, die auf den Gebieten des Kultus, der Disziplin, der Verfassung und der Dogmatik, soweit wir bis jetzt in Bezug auf diese überhaupt ein Urteil abgeben können, das ursprüngliche Bild oft bis zur Unkenntlichkeit verunstaltet haben.

Ein Vergleich des Inhalts der vorliegenden Abhandlung eines russischen Gelehrten mit den Ausführungen des Heilerschen Buches wird lehren, dass einerseits dieses Urteil zu Recht besteht, andererseits aber doch zeitliche und örtliche Umstände einige, wenn auch nur geringfügige Änderungen in der Praxis der Askese bedingt haben. Nun schöpfen aber wohl alle das hier speziell in Rede stehende Gebiet behandelnden Arbeiten aus europäischer Feder aus Pali-Quellen, also aus dem streng konservativen Hinayana, und auch sonst ist es vorwiegend der alte Buddhismus, den wir kennen lernen, und den auch Heiler als Grundlage seiner Studie benutzt, wie schon ein flüchtiger Blick auf seinen kritischen Apparat zeigt. Es ist uns auf diesem Felde eine reiche Literatur erschlossen. Anders ist es um das Mahayana bestellt, und zwar nicht nur nach dieser Richtung. Bezeichnenderweise hat sich das Interesse der Forscher auf den verschiedenen Gebieten des

6

nördlichen Buddhismus – ich rechne also auch die Tantraschulen mit dazu – auch hier wieder auf die älteren Quellen verlegt, während das Moderne, wiewohl seine Wurzeln teilweise in dieselbe Schicht reichen, weniger berücksichtigt wird. Wir wollen hier für Tibet nur Grünwedel, A. H. Francke und Laufer, für China Hackmann und Wieger, für Japan Haas nennen. In engem Zusammenhang mit unserem Thema sei hier auf Hackmann's „Schulen des chinesischen Buddhismus" in den Mitt. d. Sem. f. Or. Spr. zu Berlin, 1911, Ostas. Abt., pag. 232-266 und Haas' „Kontemplative Schulen des japanischen Buddhismus" in Mitt. d. Deutschen Gesellschaft für Natur- und Völkerkunde Ostasiens, Bd. X, Teil 2 (Tokyo 1905), pag. 157-221 hingewiesen, Arbeiten, in denen allerdings das historische Moment überwiegt.

Ganz unberücksichtigt seitens der westeuropäischen buddhologischen Forschung ist bisher der Buddhismus oder, besser, Lamaismus in der Mongolei geblieben, der freilich im großen Ganzen ja nur ein Reflex des tibetischen ist. Der letztere lieferte das Material zu einer ansehnlichen Reihe von Textausgaben und Übersetzungen aus der Feder der obengenannten Tibetologen von Fach, dann aber auch zu Kompendien, wie z. B. Grünwedels „Mythologie des Buddhismus in Tibet und der Mongolei" und Waddells „Buddhism of Tibet or Lamaism", dessen Transkription der tibetischen Ausdrücke, auf die es doch so außerordentlich viel ankommt, aber höchst unzuverlässig ist. Von wissenschaftlichen, auf Quellenstudien beruhenden Werken sind sonst nur noch die von den Gebrüdern Schlagintweit und von Sarat Candra Das zu nennen. Dagegen besitzt das sonst so dankenswerte und heute selbst schon in dem Neudruck von 1906 vergriffene Buch von Koppen, „Die lamaische Hierarchie und Kirche", Silbernagl's „Buddhismus" und Schulemann's „Geschichte der Dalai-Lamas" nur sekundären Wert, da sie nicht aus den Originalen schöpfen. Das wertvollste Werk, das uns schließlich, und zwar speziell über mongolische Verhältnisse, zugänglich ist, stellt die von dem leider so früh verstorbenen Georg Huth im tibetischen Originaltext herausgegebene und mit einer Übersetzung versehene „Geschichte des Buddhismus in der Mongolei" von 'Jigs-med Nam-mk'a dar, ein Buch, das man auch in seiner Übersetzung nicht nur einfach lesen darf, sondern Seite für Seite durcharbeiten muss. Es ist höchst bedauerlich, dass der zugehörige Indexband nicht als Posthumum erschienen ist. Auch die Werke von Pallas, Bergmann (Nomadische Streifereien unter den Kalmüken) und Timkovskij zeichnen sich durch Zuverlässigkeit aus.

Nun besitzen wir zwar in den ziemlich zahlreichen Reisewerken, angefangen von den bekannten „Voyages" der Lazaristenpatres Huc und Gabet bis auf Filchners letztes Buch „Sturm über Asien" – in diese Gruppe gehören also die Bücher von Sven Hedin, Tafel, Leder, Consten usw. – eine ganze Reihe von Schilderungen götterdienstlicher und sonstiger kultischer Handlungen, Beschreibungen von Klöstern und Ähnlichem – Sven Hedin widmet ja unseren Dayancinar sogar ein eigenes Kapitel über die „eingemauerten Mönche" – aber so wertvoll auch alle diese Beschreibungen als Dokumente einer guten Beobachtungsgabe sind, es fehlt ihnen doch sozusagen die Seele, und die kann sich nur dem in gleicher Weise religionswissenschaftlich wie linguistisch geschulten Forscher erschließen. Von Büchern aber, deren Autoren über diesen Vorzug verfügten, ist mir, speziell auch auf mongolische Verhältnisse bezüglich, in der westeuropäischen Literatur nur eins bekannt, die oben bereits genannte „Mythologie" Professor Grünwedels.

Das Studium des Lamaismus kann von zwei Seiten in Angriff genommen werden, von der tibetischen und von der mongolischen (cf. auch Laufer in „Keleti Szemle" 1907, pag. 231). Den ersteren Weg haben die oben erwähnten Gelehrten eingeschlagen, der zweite ist bisher in Westeuropa, wenn wir von den von Jülg publizierten Ausgaben mongolischer Märchen, die schließlich doch auch zum Lamaismus insofern in Beziehung stehen, als sie ihn als Brücke von Indien zu den Mongolen und Kalmüken benutzten, und von Huth´s „Inschriften von Tsaghan Baisin" absehen, noch nicht beschritten worden.

Anders in Russland, das ja an einer eingehenden Erforschung der Glaubensanschauungen nicht nur seiner Nachbarn, sondern erst recht der den Lamaismus bekennenden und dem russischen Untertanenverbande angehörigen Stämme ein begründetes Interesse hatte und hat. Diese Erkenntnis hat denn auch zielbewusst seit den Tagen des alten Isaak Jakob Schmidt bis auf den heutigen Tag schöne Früchte gezeitigt. Es seien hier bezüglich des Mongolischen folgende Namen genannt: Bobrovnikov, Popov I, Kovalevskij, Golstunskij, Rudnev, Ramstedt, Kotwicz, Popov II, Pozdnejev, Archimandrit Gurij, Vladimircov, Poppe und von russischen Staatsangehörigen mongolischer Abkunft Cybikov, Jamcarano und Baradijn, alles Männer, die entweder für die mongolische Sprachwissenschaft, oder für das Bekanntwerden der mongolischen Literatur durch russische Übersetzungen oder für die Erschließung des Lamaismus auf Grund mongolischer und tibetischer Quellen, die meisten

8

auf allen drei Gebieten, Hervorragendes geleistet haben. Leider ist diese überaus reiche Literatur fast allen Vertretern der abendländischen Gelehrtenwelt eine Terra incognita, denn: Russica non leguntur. Wenigstens sind mir von europäischen bzw. amerikanischen Forschern in der Disziplin des Lamaismus nur zwei bekannt, die des Russischen mächtig sind. Diese Erwägung war denn auch zugleich mit dem Wunsche, einen Beitrag zur Kenntnis des Kontemplationswesens bei den mongolischen Lamen liefern zu wollen, die Veranlassung für die hier folgende Übersetzung.

Das russische Original bildet die Seiten 202-229 aus dem geradezu klassischen Werke Pozdnejev´s „Skizzen aus dem Leben der buddhistischen Klöster und des buddhistischen Klerus in der Mongolei in Verbindung mit dem Verhältnis des letzteren zum Volke" (St. Petersburg 1887), das auch häufig in Grünwedels „Mythologie" zitiert wird. Über Alexej Matfejevitsch Pozdnejev jetzt näheres mitzuteilen, liegt außerhalb des Rahmens dieser knappen einleitenden Worte. Die Biographie dieses Gelehrten und eine Bibliographie seiner zahlreichen Veröffentlichungen sollen vielmehr den Gegenstand einer besonderen kleinen Abhandlung bilden, die, falls Schreiber dieser Zeilen bei der Schriftleitung ein geneigtes Entgegenkommen findet, evtl. in dieser Zeitschrift erscheinen wird und ihrem Leserkreise eine ganze Menge interessanter Hinweise bieten dürfte. Hier sei nur soviel gesagt, dass A. M. Pozdnejev seit 1881 bis ein Jahr vor seinem Tode (17. Sept. 1920) an der Petersburger Universität den Lehrstuhl für mongolische Sprache und Literatur innehatte, abgesehen von einigen, manchmal mehrjährigen Unterbrechungen, die durch Forschungsreisen in der Mongolei und Mandschurei sowie in den burjatischen und kalmükischen Steppen bedingt wurden. Hierzu müssen wir noch einen Auftrag rechnen, der ihn auf vier Jahre nach Vladivostok berief, wo er als Direktor die Einrichtung des dortigen Orientalischen Instituts zu leiten hatte. Diese Angaben dürften vorläufig zur Genüge für die Kompetenz unseres Autors auf dem in Rede stehenden Gebiete sprechen.

Über den Modus der Übersetzung ist nichts besonderes zu bemerken. Von einer Wiedergabe der mongolischen und kalmükischen Sprachlaute in wissenschaftlicher Transkription habe ich aus drucktechnischen Gründen Abstand nehmen müssen. Ich benutze sonst hierzu das allgemeine linguistische Alphabet von Prof. P. Dr. Wilhelm Schmidt S. V. D. (cf. ANTHROPOS, Internationale Zeitschrift für Völker- und Sprachenkunde, St. Gabriel-Mödling bei Wien, Jhrg. 1907), das den Lautwerten eines korrekt gelesenen Schriftmongolisch – Nuancen und Kontraktionen der

Dialekte können hier natürlich nicht berücksichtigt werden – wie ich es s. Z. von gebildeten Mongolen erlernt habe, trefflich gerecht wird, *ts* und *ds* sind Laute, die im Mongolischen und Kalmükischen nur durch je einen Buchstaben repräsentiert werden, *k* vor *e* (das stark an *ä*, bzw. an französisches *e* anklingt), *i, ö* und *ü* hört sich eher wie deutsch ausgesprochenes *kch* an, *x* dagegen ist unser *ch; s, j* und *c* sind – auch in den tibetischen Wörtern – wie im Sanskrit zu sprechen, das ja unseren Lesern in der Umschrift geläufig ist. *gh* ist gutturales *g*, *n* = deutsch *ng*, *-yi* (die Akkusativpartikel) wird *-igi* gesprochen; der Doppelpunkt über dem i (ï) hat nur graphische, keine phonetische Bedeutung; (seine Berechtigung kann ich hier nicht erklären), aï ist also wie ai zu lesen. Einige mongolische und tibetische Wörter, meist Fachausdrücke, habe ich, soweit sie nicht schon, wie z. B. das Wort: Dayancinar: Meditationsbeflissene, aus dem Text verständlich sind, in der hier folgenden kleinen Liste gesammelt und, wenn nötig, sachlich erklärt.

Die am Schluss gegebene Übersicht der Samadhi´s, welche im Original fünf Seiten (pag. 229-233) in mongolischer Schrift einnimmt, ist von Pozdnejev ohne Übersetzung gelassen worden. Ich habe hier eine solche, freilich manchmal in recht unbeholfenem Deutsch gehaltene, gegeben und ihr, wo ich konnte, eine alle Nachsicht seitens des Kenners erheischende Sanskritrekonstruktion, basierend auf den verschiedenartigsten Quellen, hinzugefügt. Solche Rückbildungen hat schon Vasilij Pavlovitsch Vasiljev in seinen Werken über den Buddhismus, wenigstens in den russischen Ausgaben – und ich kenne nur diese – zur Anwendung gebracht. Vielleicht bietet diese bescheidene und, wie ich unumwunden zugebe, stark verbesserungsbedürftige Handhabe dem einen oder anderen Fachmann einige Fingerzeige, in Sonderheit, wenn es gelänge, einen tibetischen Paralleltext zu der Samadhi-Liste, der doch entschieden für den mongolischen die Unterlage gebildet hat, aufzufinden.

W. A. Unkrig.

bilik-ün nom (skr. *prajnadharma;* tib. *ses-rab c´os*) Buch, Gesetz der Weisheit.

burxan (skr. *buddha,* tib. *sans-rgyas*) der Buddha, ein Buddha, eine Gottheit überhaupt, eine Götterdarstellung; der Plur. lautet *burxat.*

caxar = schriftmong. *tsaxar,* Name eines Stammes der inneren Mongolei.

xural (das *x* ist deutsches *ch*!) (tib. *´ts´ogs, ´du-ba*) Versammlung, vorzüglich der Lamen; dann: Götterdienst.

debür = schriftmong. *degebür* (auch *degebüri, degelbüri*) Dach, Bedeckung. vgl. den Text.

diyan ist das modifizierte skr. *dhyana* (tib. *bsam-gtan);* die Umgangssprache bildet daraus durch Assimalation *dayan.*

diyanci: die Endsilbe *ci* ist Bildungselement für das nomen actoris.

diyan-u ghol utxa kiget bisylghaxu (schriftmong. *bisüghaxu)-ïn dsan üleïgi* (schriftmong. *üile-yi) üneger üdsegülükci kemekdekü orosiba:* „das Buch unter dem Titel", „Der wahrhafte Anzeiger der Grundidee des Dhyana und der Methoden der Betrachtung."

dsabilaghat: converbum conjunctivum (nach mong. Auffassung: distributivum) von *dsabilaxu* (tib. *skyil-mo grun byed-pa)* mit untergeschlagenen Beinen sitzen, die Buddhapose einnehmen.

dsayagha baksi: die Bedeutung im Text; *dsayagha* oder *dsayaghan* ist skr. *damatd,* tib. *las, skal-ba; baksi,* wahrscheinlich ein uigurisches Lehnwort, halten einige für ein verstümmeltes skr. *bhiksu,* nach anderen ist es das Aequivalent für skr. guru, tib. *slob-dpon* oder transskribiert *pa-si* (doch siehe Laufer in T´oung-Pao 1916 (Vol. XVII), pag. 485-487).

dsüger etc. (Seite 00): die Stelle lautet schriftmong: *dsüger saghughatala, erike cigi tatal ügei, bisilghal bisilghaji baïmui.*

dughanci ist nomen actoris (siehe *diyanci*) von *dughan,* korrekt *dukan,* das tib. *´du-k´an:* Ort der Versammlung, Tempel, bedeutet also Tempeldiener, der für Sauberkeit des Gebäudes und Bereithaltung aller für die Götterdienste nötigen Geräte, Bücher usw., nicht aber der Opfer, zu sorgen hat.

galab ist das modifizierte skr. *kalpa* (tib. *bskal-dus).*

gebküj, das tib. *dge-bskos,* in mong. Übersetzung *buyan-i dsa-kirukci:* der Aufseher über die Tugend, das gute Benehmen, nämlich der Mönche und Novizen, sowohl im Tempel als auch sonst in- und außerhalb des Klosters. – cf. ad rem: Filchner, Das Kloster Kumbum in Tibet (Berlin 1906), S. 78 ff.

jama, das tib. *ja-ma,* in mong. Übersetzung *tsaici,* wörtlich: „der mit dem

Thee zu tun hat"; ein Lama, der einmal für die Bereitung des Thees, der zur Erfrischung während der Götterdienste gereicht wird, und für die Herstellung der verschiedenen Opfer zu sorgen hat.

kit mit den Varianten *keit* und *kiit* (tib. *glin, c'os-sen, dgon-pa, 'brog)* Kloster, vorzugsweise Einsiedelei.

matsak oder *batsak* (skr. *upavasta,* tib. *bsnen-gnas)* das Fasten, der Fasttag.

mTs'an-nid siehe unter *t.*

munxak (skr. *moha, avidya;* tib. *rmon-ba, gti-mug)* Unwissenheit, Dummheit, geistige Inferiorität.

naiman tebcil, Bedeutung siehe Text; *naïman:* acht *tebcil:* ein nomen effectus von *tebcikü* (skr. *prahan,* tib. *span-ba, spon-ba)* wegwerfen, aufhören mit . . . , verlassen, verachten, sich lossagen von . . .

-nar in *dayancinar* etc. ist Pluralendung nach vokalisch auslautenden Nominibus, welche vernunftbegabte Wesen bezeichnen.

nighutsa (skr. *guhya,* tib. *gsan-ba)* Geheimnis, geheimnisvoll.

nirba, das tib. *gner-pa,* der Rentmeister und Rechnungsführer eines Klosters; cf. Filchner, op. cit., pag. 78, wo das Wort irrtümlich als mongolisch angegeben.

olbok (tib. *rgyab-'bol)* Matte, Matratze, Sitzkissen; die Zahl, zu deren Benutzung der einzelne Lama berechtigt ist, hängt von seinem Range ab.

orcilan, ein nomen sensus von *orcixu:* kreisen, herumgewirbelt werden, also das Gefühl, das jemand hierbei empfindet, dann das Kreisen, der Strudel (skr. *samsara,* tib. *'k'or-ba).*

padma, das bekannte Skr.-Wort, wird mong. *badma* gesprochen und auch meist so geschrieben; die Sprache kennt *p* nur in Fremdwörtern und ersetzt es dann gewöhnlich durch den Buchstaben *b,* der auch ebenso oft für das gleichfalls fremde *v (w)* eintreten muß.

rasiyan nom (skr. *rasayanadharma,* tib. *bdud-rtsii c'os)* wörtlich: die Heilmittellehre, Opferspeisenlehre; ein Buchtitel.

sabinar: Plur. von *sabi* (tib. *grva-ba, mc'an-ba)* Schüler, Jünger, Anhänger, Novize, Klosterhöriger.

saïn nükür; tib. *grogs-bzan:* der gute Genosse, Freund (dafür oft auch *buyan-u nükür* = skr. *kalyanamitra,* tib. *dge-bses* oder *dge-bai-bses:* Freund der Tugend), beides Ausdrücke zur Bezeichnung des Lama's.

samadi, seltener *samadhi* = skr. *samadhi,* tib. *tin-ne-dsin, tin-'dsin, bsam-gtan:* nach Heiler 5: Versenkung, wörtlich die Zusammenstellung, Zusammenfassung aller seelischen Kräfte; Pozdnejev: Betrachtung, das Gebiet der abstrakten Vernunft; Kovalevskij: contemplation, meditation profonde; Bimbajev (Mongolisch-Russisches Wörterbuch): Selbst-versenkung; Olcott (Buddh. Katechismus, Editio Seidenstücker): Gesammeltsein der Gedanken, „Andacht", die mit jedem Gedanken verbundene geistige Konzentration; Grünwedel gibt dafür Mythologie 240 (französische Ausgabe) den mong. Ausdruck *touktam barikhou* (in seiner Transkription), den wir *tugdam barixu* schreiben müssen; *tugdam* ist das tib. *t'ugs-dam:* Bitte, Gebet, tiefes Nachsinnen; *barixu* wörtlich: nehmen, ergreifen; Kovalevskij hat in seinem Dictionnaire Mongol-Russe-Francais für den Gesamtausdruck das tib. Aequivalent *tin-ne-dsin byed-pa:* s'adon-ner a la priere, contemples.

taciyanghui (Nomen zur Bezeichnung eines inneren Zustandes vom Verbum *taciyaxu:* heftiges Verlangen tragen), skr. *lobha* oder *raga;* tib. *'dod-pa, 'dod-c'ags, c'ags-pa,* Verlangen, lodernde Leidenschaft, sinnliche Liebe, Wollust.

takilci (nomen actoris von *takil:* Opfer), tib. *mc'od-po,* der Opfermeister, Sakristan eines Tempels oder bei einem höheren Geistlichen; ihm liegt die Sorge für den Altar und die Altargeräte ob.

tenri oder *tengeri* und *tegri,* skr. *deva,* tib. *lha:* Gottheit.

tsaghan ülaïn (schriftmong. *aghula-iri) süme:* Tempel, im weiteren Sinne: Kloster, des weißen Berges.

mTs'an-nid (tib.), in mong. Übersetzung *belge cinar:* Quintessenz der Weisheit, die Lehre der höheren Dogmatik des Buddhismus; ihrem Studium dienen besondere Anstalten (cf. Archiv für Religionswissenschaft 1914, ppag. 113-124).

tsorji ist das tib. *c'os-rje,* Titel für den Stellvertreter des Klosterabts. In kleineren Konventen ist er selbst der Leiter.

ulan baxca = schriftmong. *ulaghan baktsa:* roter Garten.

undsat, korrekt *umdsat* oder *undsat,* das tib. *dbu-mdsad,* der Vorsänger, welcher die Gebete, Lektionen und Recitative anstimmt und überhaupt die Götterdienste nach Anweisung des *gebküj* leitet.

urin, skr. *dvesa,* tib. *je-* (hier j wie im franz. jour) *sdan-ba,* Zorn.

wacir, das korrumpierte skr. *vajra,* tib. *rdo-rje,* Donnerkeil, Scepter; statt *wacir* kommt auch *ocir* vor.

*

Eine ganz besondere Klasse der Geistlichkeit bilden in der Mongolei die sogenannten Dayancinar oder meditierenden Lamen. Im Volke genießen sie geradezu den Ruf von Heiligen, und das ist sehr natürlich, weil die von der gewöhnlichen völlig verschiedene Lebensführung des Dayanci nicht nur den einfachen Mann in Erstaunen setzt, sondern die Lehre des Buddhismus selbst das Leben der Betrachtung höher als ein werktätiges, praktisches stellt. In der Schrift *Rasiyan nom* heißt es geradezu: „Wer tugendhafte Taten anhäuft, findet eine höhere Rangstufe (der Wiedergeburt); doch die Früchte der Tugend müssen im *Samsara* kreisen. Wer sich aber betrachtend in den Sinn des Wesens der Lehre vertieft, der macht sich von allem Hang an die Materie frei und erwirbt die Würde eines Buddha".

Ungeachtet der Verheißung eines so hohen Lohnes, gibt es aber in der Mongolei außerordentlich wenig Lamen, die ihr ganzes Leben dem Werk der Betrachtung widmen. Viel häufiger dagegen kann man solche antreffen, die eine gewisse Zeit lang die Pflichten eines Dayanci auf sich nehmen. Ob letztere sich dabei wirklich von religiösem Empfinden leiten lassen, oder einfach von dem Verlangen, beim Volk an Ansehen zu gewinnen, lässt sich schwer feststellen. Wie dem auch sein mag, man kann mit Sicherheit sagen, dass unter den vermögenden Lamen zum mindesten jeder zwanzigste seine *Dhyanaperiode* durchgemacht hat. Es vollzieht sich das höchst einfach. Kommt die warme Sommerszeit heran, dann packt der bemittelte Lama eine Jurte und Proviant zusammen, nimmt ein oder zwei Novizen mit sich und bricht aus dem Kloster auf, irgendwohin nach einem einsamen Inselchen im Fluss oder in die Berge, wo die Mongolen im Sommer gewöhnlich nicht mit ihrem Vieh umherziehen. Nachdem ein für die Betrachtung geeigneter Ort gefunden, stellt der Lama in ½ – ¾ Kilometer Entfernung davon die Filzhütte auf, in der er seine Novizen unterbringt, gibt ihnen Zeit und Stunde an, zu der sie ihm die Mahlzeit bringen sollen, und setzt sich zur Betrachtung nieder. Diese dauert manchmal dreißig, manchmal neunundvierzig Tage. Während dieser Zeit bekommt der Kontemplant keinen Menschen zu Gesichte und nimmt täglich, ja, bisweilen nur alle zwei oder drei Tage, einmal Nahrung zu sich. Das Essen bereitet und bringt ein Novize und stellt es an einen verabredeten Platz, von wo es der Lama nimmt, jedoch so, dass er auch den Novizen nicht sieht. Ist die Betrachtung beendet, so kehrt der Dayanci ins Kloster zurück und nimmt seine frühere Lebensweise wieder auf, nur mit dem Unterschied, dass ihm jetzt der ehrenvolle Ruf eines Kontemplanten anhaftet und er sich infolgedessen höheren Ansehens erfreut.

Vielfach bot sich mir Gelegenheit, mit solchen Lamen zusammenzutreffen, mit ihnen unter einem Dache zu leben und mich in Gespräche einzulassen, doch irgendeine zweckdienliche Antwort auf die Fragen, wie der einzelne die Zeit in der Betrachtung zugebracht, wie und worüber er meditiert, welche Erfahrungen er gemacht und welche Empfindungen er durchlebt, zu erhalten, gelang mir absolut nicht. Die einen unter diesen Dayancinar, solche, aus denen man etwas hätte herausholen können, antworteten, dass das „*nighutsa*", ein Geheimnis, sei; andere wiederum waren so unentwickelt und unwissend, dass man sich schwerlich vorstellen kann, welche Gedanken sie während des *Dhyanasitzens* bewegten. Mir scheint, dass sie unter ihrer Betrachtungsübung nichts anderes verstehen konnten, als eben den außergewöhnlichen Zustand der Einsamkeit und des Fastens.

Von einem ganz anderen Schlage sind dagegen jene Dayancinar, die ihr ganzes Leben der Kontemplation widmen. Für solche existieren in der Mongolei besondere Klöster, welche *kit* oder *k´it* heißen. Ich konnte während meines Aufenthaltes im Lande zwei solche Konvente besuchen, einen in der Orstchaft *Ulan baxca*, unfern von *Urga*, den anderen bei *Tsaghan ulajn sümo* auf den Weideplätzen der *Caxar*. Die Lebensweise in diesen Klöstern basiert auf ganz aparten Grundsätzen. Sie fristen ihr Dasein direkt auf Kosten der *Sabinar* und haben fast gar keine Einkünfte. Götterdienste werden in ihnen selten abgehalten, denn die Lamen des Klosters sitzen meistens in der Betrachtung verschlossen in Einsamkeit und mit der schwierigen Aufgabe des Dhyana beschäftigt. Es gibt im Konvent die Amtspersonen mit den Titeln eines *Tsorji*, eines *Gebküj*, eines *Undsat* und eines *Nirba*, die übrigen sind hier nicht statthaft mit Ausnahme der niederen Diener, des *Takilci*, des *Jama* und des *Dughanci*. Im *Dayanciin Kit* der *Caxar* brachte ich sechs Tage zu, ohne jedoch die Möglichkeit zu haben, mich mit einem der kontemplierenden Lamen in ein Gespräch einzulassen. Ich hatte in der Behausung des *Nirba* Unterkunft gefunden und nur in der Unterhaltung mit ihm konnte ich meine Wissbegierde befriedigen, wenngleich der gutmütige Alte mir auch recht wenig berichten konnte.

Nach seinen Worten kommen alle Lamen, die in das Kit eintreten – und ihrer gab es im Jahre 1878 auf allen ´axar´ischen Weideplätzen nur dreiundzwanzig hierher, nachdem sie vorbereitend in den *mTs´an-nid*-Schulen die höhere Dogmatik des Buddhismus studierten. Sie sind dann meist 35 bis 40 Jahre alt, selten 30, jünger wie 30 Jahre niemals. Die Erlaubnis, im Kloster bleiben zu dürfen, erwirken sie sich beim *Tsorji,* der den Ankömmling zunächst in seiner eigenen Jurte unterbringt, in der Kenntnis der Gebete und Götterdienste prüft und ihn schließlich, nachdem er sich von seinem aufrichtigen Streben nach den Dhyana-Methoden überzeugt, der Leitung eines der ältesten meditierenden Lamen überweist. Die Wahl des Instruktors wird durch den Zufall bestimmt. Der Neuling wird der Führung desjenigen älteren Dayanci anvertraut, der zuerst nach jenes Ankunft aus der Ekstase erwacht und, nachdem er seine Zelle verlassen, im Tempel erscheint, um den *Xural* abzuhalten. Hier empfiehlt der *Tsorji* den Schüler seinem „durch das Schicksal vorherbestimmten" Lehrer *(dsayagha baksi),* und von diesem Tage an wird der Ankömmling in den Listen der Dayanci-Lamen des Klosters geführt. Zur selben Zeit baut man für ihn eine Jurte neben der seines Instruktors auf, obgleich er während der ersten zehn bis fünfzehn Tage nicht in derselben wohnt, sondern sich in jener und in der Gesellschaft seines Lehrers aufhält, um dessen Unterweisungen anzuhören. Festgeworden in den Grundsätzen der neuen Lebensführung, bezieht der junge Dayanci schon seine eigene Zelle und beginnt, sich der Kontemplation hinzugeben. Mit seinem Lehrer sieht er sich in der ersten Zeit alle zwei, drei Tage, später an den *Matsak,* d. h. am 8., 15. und 30. jeden Monats; bei Erfolg in den Dhyana-Übungen erscheint er bei ihm nur im Notfalle. Über solche Besuche der Schüler bei seinem Lehrer gab mir der *Nirba* eine Menge interessanter Einzelheiten. Kommt der Schüler zum Instruktor, so hat er sich unbedingt vor ihm der Länge nach auf den Boden niederzuwerfen und fest seine Knie zu umfassen. Sich erheben und sein triftiges Anliegen vorbringen darf er erst dann, wenn der Lehrer ihn segnet, indem er ihm die Hand aufs Haupt legt. Doch sind die Dayancinar hierbei gehalten, gegenseitig die Ruhe zu achten. Es sind Fälle dagewesen, in denen der Schüler, nachdem er zu seinem Lehrer gekommen und sich vor ihm ausgestreckt, ihn in Betrachtung versunken vorfand und nun, um nicht jenes Gedankengang zu unterbrechen, in dieser ausgestreckten Lage regungslos drei Tage verharrte. Andererseits passierte es auch, dass der Instruktor, aus dem Dhyana erwachend, seinen Schüler, auf dem Boden vor ihm liegend, erblickte; gleichzeitig bemerkte er, dass des letzteren Hände seine, des Lehrers, Knie nicht mit der gehörigen Innigkeit umklammern, dass sie schlaff geworden sind, und das ist wiederum ein sicheres Zeichen, dass der Schüler selbst in Betrachtung versunken. In solchem Falle soll der Meister die Ruhe des

Jüngers mit noch größerer Sorgsamkeit unangetastet lassen, denn das Dhyana vor dem Antlitz des Lehrers ist das seligste und führt nicht selten zu völliger Erleuchtung.

Mit irgendeinem der meditierenden Lamen mich persönlich bekannt zu machen, lehnte sowohl der *Tsorjl* des *Dayanciin Kit,* als auch mein gastfreundschaftlicher Wirt, der *Nirba,* entschieden ab. Somit bot sich mir keine Gelegenheit, mit den Kontemplanten selbst darüber zu sprechen, in welcher inneren Disposition sie sich während der Periode der Betrachtung befänden.

„Was machen denn diese Dayancinar und wie führen sie ihre Betrachtungen durch?", fragte ich den *Nirba.*

„Nichts", war die Antwort, „sie sitzen einfach da und betrachten indessen, ohne einmal die Gebetsschnur zu rühren."

Ich bat den *Nirba,* mir die Kontemplanten wenigstens im Geheimen zu zeigen, und damit war er einverstanden, indem er versprach, mich mit sich zu nehmen, wenn er sich aufmache, um die Mahlzeit zu verteilen. (Man kann das *Dayanciin Kit* am treffendsten ein Coenobium nennen). Die Mahlzeit wird hier für alle Lamen in einem Kessel gekocht und um fünf Uhr Abends auf die Jurten der Kontemplanten in kleinen hölzernen Kübelchen, die ungefähr fünf Wassergläser fassen, verteilt. In eines dieser Eimerchen wird Bouillon mit einem kleinen Stück Fleisch getan, in ein anderes – Ziegeltee. Das ist die tägliche Ration des Meditanten. Wenn der *Nirba* den Lamen, welche im Dhyana sitzen, das Essen bringt, betritt er die Jurte nicht, sondern hebt nur das *Debür* (ein Filzstück, welches das Dach bildet) an und setzt durch diese Öffnung das Kübelchen auf ein innerhalb der Jurte befestigtes Brett nieder. Ich habe Fälle erlebt, in denen selbst diese armselige Nahrung unberührt blieb. Wir gingen. Ich nahm an, dass der *Nirba* die Absicht habe, mich durch das Bild der Kontemplanten in Erstaunen zu versetzen, und mich deshalb zur Jurte des strengsten Asketen führe. Nachdem das *Debür* hochgehoben, betrachtete ich das Innere. Das war eine gewöhnliche Lamabehausung mit einem Götterschrein an der Nordwand und der Lagerstätte zur Linken, auf der rechten Seite waren einfach Filzdecken ausgebreitet und an der Wand das Brett angebracht, wohin man gewöhnlich das Essen des Klausners stellt. An der Lagerstätte, dem hergebrachten Platz des Jurteninhabers, waren zwei *Olbok* hingelegt, auf denen der Dayanci saß. Doch, mein Gott, was war das für eine Gestalt! Ausgemergelt bis zum Äußersten, das Gesicht so bleich und abgemagert, dass man den Lama eher für eine Wachsfigur, denn für einen Menschen halten konnte. Unbeweglich hockte er da in der Gebetsstellung, die Hände lagen auf den Knieen, in der Rechten hielt er die Gebetsschnur, tatsächlich, ohne sie durch die Finger gleiten zu lassen, wie mir der *Nirba* vorher gesagt; die Augen waren völlig geschlossen, das Antlitz sichtlich ruhig, aber ganz gefühllos. Während der *Nirba* die Eimerchen mit der Mahlzeit des Eremiten niedersetzte und nach der Klosterküche ging, um weitere für einen anderen Kontemplanten zu holen, blieb ich bei der ersten Jurte und betrachtete einen Mann, wie ich ihn noch nie gesehen. Fünf Minuten stand ich so da, doch nicht eine seiner Muskeln zuckte während dieser Zeit. Diese leichenhafte Unbeweglichkeit machte auf mich einen furchtbaren, lähmenden Eindruck, als ich, von der Jurte wegtretend, dem *Nirba* zu einer anderen folgte; noch stärker sprach dies Empfinden, wie ich zu einer dritten u.s.f. weiterging. Meine ursprüngliche Vermutung, der *Nirba* wolle mich überraschen, rechtfertigte sich keineswegs, denn auch in den anderen Jurten sah ich dasselbe. Unter achtzehn von uns besuchten Zellen fanden wir in zweien die Kontemplanten schlafend, in einer zündete der Dayanci die Lämpchen vor den *Burxan'en* an, in den übrigen aber bot sich der gleiche Anblick: Dieselben schablonenhaften Jurten mit dem Aufbau von Götterfiguren, der Lagerstätte und dem Brett für das Niedersetzen der Mahlzeit; dieselben entkräfteten, abgehärmten, wächsernen Figuren freiwilliger Dulder mit unbeweglichem und gefühllosem Gesicht, dieselbe Totenstille, die nicht einmal von einem Seufzer durchbrochen wurde und eine tiefe Selbstversenkung des Kontemplanten verriet.

Den ganzen Abend saß ich mit dem *Nirba* zusammen und bestürmte ihn, aufgeregt durch die ungewöhnlichen Beobachtungen, mit Fragen über die Dayancinar. Mochte nun der Lama meine Erregung bemerkt oder sie als frommes Gefühl gedeutet haben, mochten meine unablässigen Fragen nach dem Gegenstand der Betrachtungen das gute Herz des Alten rühren oder schließlich der Umstand, dass ich zufällig mich erkundigte, ob es denn nicht irgendwelche Regeln gäbe, nach denen die Versenkungsmethoden auszuführen seien – er gab, als ob er plötzlich auf den Gedanken gekommen sei, wie er mich zufrieden stellen könne, das Versprechen, mir eine Abhandlung zu besorgen, in der alle Grundbegriffe und die Reihenfolge der Betrachtungen ausgelegt wären. Am anderen Tage war das Buch in meinen Händen und der *Nirba* weigerte sich nicht, es gemeinsam mit mir durchzugehen, dabei die nötigen Erläuterungen gebend. Es war das eine kleine Handschrift von vierundzwanzig Blatt unter dem Titel: ,,*Diyan-u ghol utxa kiget, bisylghaxu-in dsan üileigi üneger üdsegülükci kemekdekü orosiba"*. Von wem und wann dies Werkchen verfasst war, blieb mir unbekannt, doch dient es nach den Worten des *Nirba* für alle Einwohner des *Dayanciin kit* gewissermaßen als Programm ihrer Tätigkeit vom Beginn bis zum Schluss des Kontemplantendaseins. Um meine Leser mit den buddhistischen Dayanci bekannt zu machen, gebe ich deshalb über ihr Leben Auskünfte, die dieser Abhandlung entnommen sind, zugleich mit den Erklärungen, die ich meinem bejahrten und liebenswürdigen Mentor verdanke.

Die Betrachtung hat ganz allgemein eine gewaltige Bedeutung in der buddhistischen Askese, und daher kommt auch die Mannigfaltigkeit ihrer Methoden. Für den Buddhisten dient die Betrachtung als Universalmittel, um

1. seinen Intellekt aus der materiellen Welt emporzuheben in die verborgenen Mysterien der geistigen,
2. den menschlichen Geist von den Leidenschaften und Bedingungen des irdischen Daseins überhaupt und für immer zu befreien, und schließlich
3. um irgendwelche übernatürlichen Gaben zu erwerben und sich anzueignen.

Eine Betrachtung, angestellt, um den Intellekt nur für eine gewisse Zeit von den Objekten der materiellen Welt abzulenken, ist eine solche niederen Grades. Ihr unterscheidendes Merkmal besteht darin, dass sie durch Gesichte begleitet wird; ihr Ziel ist Befreiung des Menschen von moralischen Mängeln. Eine Kontemplation dagegen, die unternommen wird, um die beiden letzteren Zwecke zu erreichen, d. h. völlige Befreiung des Geistes von der Materie und die Erwerbung von Wunderkräften, ist die höhere, und ihre charakteristische Eigentümlichkeit liegt darin, dass sie nur noch aus abstrakten Vorstellungen besteht, ohne dass Visionen dabei auftreten. Ihrer äußeren Form nach offenbart sich die Betrachtung in Samadhi´s oder tiefen inneren Selbstversenkungen. Klarer ausgedrückt: unter dem Begriff Samadhi verstehen die Buddhisten entweder das unwandelbar feste Haften des Gedankens an irgendeinem Objekt oder einen in sich selbst konzentrierten Zustand des Geistes, der durch irgendwelche Vorstellungen verzückt ist. Daraus wird verständlich, dass je nach dem Charakter der Betrachtung auch verschiedene Samadhi´s vorkommen. In der niederen Gruppe der Kontemplationen erscheinen die Samadhi´s, da sie nur Teilzwecke verfolgen, abgerissen und vereinzelt. Im höhern Dhyana dagegen, das den Zweck hat, den Geist des Menschen zur grenzenlosen

Vollkommenheit emporzuführen, bilden die Samadhi´s gewissermaßen eine Stufenleiter. In ihrem Komplex stellen alle diese Samadhi´s eine Reihe Entsagungen von den Bedingungen der drei Welten vor, in welche die Buddhisten das Universum einteilen, nämlich in die Welt der Gelüste, die Welt der verklärten Formen und die des Immateriellen.

Jeder, der sein Leben dem Werke der Betrachtung widmen will, soll sich vor allen Dingen einen erfahrenen Lehrer suchen, einen Freund (saun *nükür)*, der ihn auf dem erwählten Gebiete führt, ihn vor Selbstüberhebungen und den Versuchungen der bösen Dämonen behütet. (Die Dämonen, mong. *simnus,* in der Umgangssprache: *silmu,* tib. *bdud,* von sanskr. *Sama* – Ruhe und *nasa* – Vernichtung, sind nach der Vorstellung des Buddhismus Geister, die alle Wesen in das Netz der Leidenschaften verstricken und sich mühen, sie zur Sünde zu verführen, um sie dadurch im Glauben wankend zu machen. Die *Simnus* gelten als Urheber der sinnlichen Vergnügungen, als Herren des Samsara, d. h. der materiellen Welt, und als Gegner des Nirvana, der geistigen Welt. Es gibt vier Arten von *Simnus:* Die des Reiches der *Tenri* sind Urheber der Wollust, die des Leibes – Urheber der Sünde der Verfinsterung, die des Geistes – Urheber der Sünde des Zornes und die des Königs des Todes – Urheber der Sünde des Geizes.) Der Lehrer soll auch alle aufsteigenden Zweifel sogleich im Anfang beheben. Wer einmal auf immer sich zu dem Leben der Betrachtung entschlossen hat, muss jede andere Beschäftigung, alle Bekanntschaften und Besuche von Genossen aufgeben. Der meditierende Schüler soll nur seinen Lehrer und diejenigen seiner Mitarbeiter und Mitbrüder kennen, die durch eigenes Beispiel, Unterstützung und Rat einem erfolgreichen Gang seiner Betrachtungen förderlich sein können. In Anbetracht der Schwierigkeiten des Unternehmens, das der Jünger auf sich genommen, ist es ihm gestattet, einige äußere Bequemlichkeiten zu genießen, wie z. B. reichlichere Kleidung und bessere Nahrung. Diese Vorteile sind bei der Kontemplation unumgänglich notwendig für einen gleichmäßigen und ruhigen Zustand von Leib und Seele. Dafür aber soll der Schüler vor Beginn der Betrachtung sich nicht durch Objekte und Bilder ablenken lassen, die seine Gefühle in wohlige Aufregung versetzen könnten. Gleichzeitig muss er auch alle unangenehmen Eindrücke hinnehmen, die Dauer des Schlafs einschränken, ja, überhaupt nicht schlafen, seine Gedanken nicht zerstreuen und schließlich jeden Wankelmut und Zweifel an der Wirksamkeit der Betrachtung und besonders an der Reinheit und Wahrheit der Lehre Buddhas von sich fernhalten. Seitens des Instruktors wird, abgesehen von den allgemeinen Verpflichtungen, besondere Aufmerksamkeit dem Schüler gegenüber verlangt, der sich seiner Führung anvertraut. Sorgsam soll er auf die Gewohnheiten des letzteren achten, auf seine Neigungen und vorherrschenden Leidenschaften, um dadurch die Möglichkeit zu gewinnen, entsprechende Mittel zur Ausmerzung seiner moralischen Mängel anzuwenden. Die hauptsächlichsten Unzulänglichkeiten der menschlichen Natur sind: Wollust, Zorn und geistige Inferiorität. In Übereinstimmung hiermit soll der Lehrer dem Adepten gegen jeden dieser Mängel einen besonderen Samadhi vorschreiben. Wenn er z. B. bemerkt, dass der seiner Leitung anvertraute Schüler von wollüstigen Begierden bestürmt wird, so veranlasst er ihn, sich in den „Samadhi der Unreinheiten und der Betrachtung von Skeletten" zu versenken. Nimmt er an ihm Umnachtung der intellektuellen Fähigkeiten und Verzagtheit des Geistes wahr, dann rät er ihm, Buddha zum Gegenstand der Beschauung zu machen. Sieht er schließlich, dass Zorn den Jünger übermannen will oder dass sein Herz Gefühle des Hasses nährt, so lässt er ihn mit Hilfe gewisser Methoden das Gefühl der Liebe in sich wachrufen.

Ehe der Asket, gemäß den Angaben seines Lehrers, sich an die Ausübung der Samadhi's selbst heranmacht, hat er einige äußere Regeln zu beobachten, ohne welche jene für ihn unmöglich sind. Diese Maßnahmen bestehen in Folgendem: Der Kontemplant begibt sich an eine einsame Stelle und lässt sich in der heiligen Pose nieder, d. h., er biegt zuerst das rechte Bein ein und legt den Fuß auf das linke Knie, den linken Fuß aber aufs rechte, oder, wenn solch´ eine Stellung für ihn beschwerlich ist, so legt er das linke Bein auf das rechte Knie und biegt den rechten Fuß einfach unter das linke Bein. Nachdem er den Gürtel heruntergelassen, legt er die Hände in seinem Schoß ineinander und bewegt sich solange hin und her, bis seine Haltung völlig gerade wird, so dass das Rückgrat mit dem Nacken (?) und die Nasenspitze mit dem Nabel in eine Linie kommt. Nachdem er darauf soviel frische Luft eingeatmet, um damit das ganze Innere seines Leibes zu füllen, stößt er sie mit einem Zuge aus, macht den Mund sofort fest zu und schließt, wenn es Tag sein sollte, die Augen zur Hälfte, um eine zu heftige Einwirkung des Lichts aufzuheben. Wenn so der Kontemplant seinen Leib nach präziser buddhistischer Ausdrucksweise in den „normalen Zustand" gebracht, geht er zur Verlangsamung des Atmungsprozesses und zur Beruhigung der Gedanken über. Er richtet seine Aufmerksamkeit auf das Luftholen durch die Nase und beginnt in Absätzen von Eins bis Zehn zu zählen, wobei Einatmung und Ausatmung als eins gilt, und fängt die

21

Rechnung, sobald er bis Zehn gelangt ist, von Neuem an. Durch dieses Mittel bringt er die Atmung zu einem solchen Grade von Feinheit, dass er während des Aus- und Einatmens nicht den geringsten Laut vernimmt und keine Bewegung spürt. Falls seine Gedanken sich hierbei zerstreuen sollten, so richtet er seinen Blick auf den Nabel; bemerkt er aber Schläfrigkeit (den der Zerstreuung entgegengesetzten Defekt), dann konzentriert er seinen Blick auf die Nasenspitze oder auf die Stelle zwischen den Augenbrauen. Fortgesetzte Übung in diesen Dingen lässt ohne Zweifel den Asketen das gewünschte Ziel erreichen, disponiert seinen Geist zu angestrengter und unentwegter Aufmerksamkeit.

Hat sich der Asket mit diesen Methoden vertraut gemacht, dann geht er nach Anweisung seines Instruktors zum Samadhi über. Um leidenschaftliche Wünsche und das Verlangen nach den Objekten des *Orcilan* auszurotten, rät ihm der Lehrer die Betrachtung von Unreinheit und von Skeletten an. Dieser Samadhi besteht in Folgendem: Der Asket richtet seinen Blick und seine ganze Aufmerksamkeit auf die große Zehe des linken Fußes und stellt sich genau in ihrer Mitte ein kleines weißes Geschwür vor, aber nicht nur in der Illusion, sondern als tatsächlich vorhanden. Dies Geschwür bricht allmählich auf und die ganze Hälfte der Zehe taucht in weiße Färbung. Dann werden die Enden aller anderen Zehen des Fußes in den gleichen Zustand übergeführt. Hierbei soll sich der Asket, wie bei jedem anderen Samadhi durch fremde Eindrücke nicht ablenken lassen und muss, wenn er in einen derartigen Fehler verfällt, die Betrachtung von neuem beginnen, d. h. von der Mitte der großen Zehe an. Gleichzeitig mit der Überführung der gedachten Extremitäten in den erwähnten Zustand verbreitet sich über den ganzen Leib des Kontemplanten ein Gefühl der Wärme und besonders unter dem Herzen macht sich ein Brennen bemerkbar. Nach diesem ersten Akt ruft der Dayanci durch dieselbe Vorstellung von Geschwüren an seinem ganzen Leibe den gleichen Effekt hervor, von den Fußsohlen bis zum Scheitel, bis der ganze Körper eine einzige weiße eiternde Wunde bildet, worauf er selbst zum Skelett wird. Sobald er mit sich selbst eine solche Verwandlung hat vor sich gehen lassen, macht er alle Wesen, die das Universum bevölkern, ebenso zu Skeletten. Klar schaut er, wie sie alle auf die Wirkung seines Willens hin die äußere Hülle ihres Leibes, Fleisch, Blut, Nerven und Adern, kurz, alles Materielle ablegen und vor ihm eine Masse formloser Knochen bilden. Diese Skelette klirren aneinander, brechen und zerstieben wie die Scherben eines tönernen Gefäßes. Plötzlich lodert eine mächtige

Flamme empor und verzehrt die Gebeine. Während dieser Visionen kommt es vor, dass der Kontemplant, von Entsetzen ergriffen, am ganzen Leibe bebt und nicht eher aus der Verzückung erwacht, als bis ihn der Lehrer weckt. Wenn er aber infolge der Zerstreuung seiner Gedanken selbst nach längerer Zeit nicht mit dem Schauen der Skelette begnadet wird, so versenkt er sich solange in die Betrachtung des eigenen, bis sich in ihm so deutlich die Gerippe der übrigen Wesen wiederspiegeln, wie die Sterne des Himmels im klaren Wasser. Heftige seelische Erschütterungen, die der Kontemplant während der oben geschilderten Visionen durchlebt, wie auch wechselnde Gefühle des Ekels und der Furcht dienen für ihn als heilsame Arznei gegen sinnliche und weltliche Neigungen. Befreit er sich durch die voraufgehende Betrachtung nicht völlig von leidenschaftlichem Verlangen und der Anhänglichkeit an die Materie, dann schreibt ihm der Meister eine neue Reihe von Visionen vor, ebenso abschreckend und schauerlich. Alles, was nur eine angespannte Phantasie Ungeheuerliches schaffen kann, erscheint wiederum vor ihm auf Weisung des Lehrers. Manchmal bietet sich seinen Blicken das Bild verschiedener Unreinheiten, bald wird er durch Phänomene furchtbarer Szenen entsetzt, wie z. B. des Brandes des Weltalls, von Dämonen gigantischer und monströser Gestalt, des Kampfes von Drachen, Schlangen und wilden Tieren, so dass ihn schließlich die Kräfte völlig verlassen und er mehrere Tage krank darniederliegt. Als Merkmal einer vollkommenen Befreiung des Kontemplanten von leidenschaftlichen Regungen gilt folgendes: Er erschaut einen aus seinem eigenen Skelett hervorgehenden hellen Stern, geschmückt mit goldenen Kügelchen; wenn die Zahl dieser Kügelchen zwischen zwanzig und vierzig beträgt, so bedeutet das erfolgreichen Verlauf der Meditation. Dann nimmt von seiner Stirne eine lichte Perle ihren Ausgang. Anfänglich verharrt sie an ein und derselben Stelle, dann senkt sie sich nieder und durchdringt die **Erde** wie auch die drei anderen Schichten des Weltgebäudes: **Wasser, Feuer und Luft.** Verfolgend, wie sie die Sphäre der Erde durchwandert, bemerkt der Kontemplant, wie sein eigener Leib und alle ihn umgebenden Objekte erstarren und hart werden. Geht die Perle durch die Feuerschicht, dann wird sein Körper leicht (bzw. heiß). Zieht sie durch die Fluten des Wassers, dann dringt auch an seinen Leib und an die ganze Umgebung Wasser. Schwebt sie schließlich durch das Reich der Lüfte, dann nimmt auch sein Körper den Aggregatzustand der Luft an. Nachdem die Perle den leeren Raum und das Ende des Alls erreicht, kehrt sie zurück und geht mit dem sie begleitenden Licht in den Nabel des Kontemplanten ein.

Zwecks Befreiung von intellektueller Umnachtung schreibt der Meister dem Betrachtenden den Samadhi der Buddhavision vor. Sein Inhalt ist folgender: Vorbereitend für sein Unterfangen stellt sich der Kontemplant im Verlaufe von sieben Tagen lebendig und detailliert das Bild Buddha´s in all seiner Majestät und Schönheit vor. Nachdem er es seinem Innern fest eingeprägt, zieht er sich in die Einsamkeit seiner Zelle zurück und konzentriert mit geschlossenen Augen seine Gedanken darauf. Dann richtet er sein Sinnen ausschließlich auf die Stirn, und bald gehen aus ihr Buddhagestalten, eine nach der anderen, hervor, von genau demselben Aussehen, wie er sich Buddha vorgestellt. Erschaut der Asket eine zahllose Menge Buddha´s, die sich von der Stirn nur auf eine geringe Strecke entfernen und wieder zurückkehren, so bedeutet das, dass er noch auf einer **niedrigen** Stufe seines heiligen Strebens steht. Verlassen ihn aber die Buddha´s auf eine um vieles größere Entfernung, so ist das ein Kennzeichen der **mittleren** Stufe des Erfolges in der Askese. Ziehen sie aber in außerordentlich weite Fernen, so dass der letzte in ihrer Reihe nurmehr als ein Punkt erscheint und kehren sie dann alle von neuem zurück, so gilt das als Merkmal, dass der Meditierende schon eine **hohe** Stufe geistlicher Übung erlangt. Während der Annäherung der Buddha´s an den Kontemplanten nimmt die Erde eine goldene Färbung an und wird eben, wie die flache Hand, rein und durchsichtig, wie ein Spiegel. Dann richtet der Asket seine Gedanken auf das Herz, und bald beginnen auch von dieser Stelle Buddhas auszugehen, die in den Händen ein Saphirvacir *(vajra)* halten. Aus beiden Enden der letzteren kommen Heilige der drei Rangklassen hervor, von einem größeren oder geringeren Lichtschein umgeben, je nach dem Grade ihrer Heiligkeit. Sobald alle Buddha´s bis auf den letzten das Herz verlassen haben, dann macht dieser Halt und stützt sich mit dem Vajra auf das Herz. Nach einiger Zeit aber kehren alle der Reihe nach wieder in dies Organ des Kontemplanten zurück. Steht der Asket auf einer hohen Stufe sittlicher Vollkommenheit, so beginnen sofort darauf aus allen seinen Poren Buddha´s in endloser Zahl herauszutreten, die den ganzen sichtbaren Raum in den **vier** Weltrichtungen einnehmen und sich dann wieder in seinen Leib versenken. Nach dieser Erscheinung konzentriert der Meditierende sein Sinnen und seinen Blick auf den Nabel und wird an ihm eine Bewegung gewahr. Die Aufmerksamkeit verdoppelnd, erschaut er dort, einem Gänseei ähnlich, eine Erhöhung von blendender Weiße. Plötzlich verwandelt sie sich in einen prächtigen Padma, dessen Stengel aus reinstem Saphir, die Blütenkrone aus Gold besteht. Auf

24

dieser Blume thront ein Buddha, aus dessen Nabel gleichfalls ein Padma hervorwächst, auf ihm ein neuer Buddha, und so fort. Wenn dergestalt Lotosblumen mit Buddha´s die ganze Weite einnehmen, die sich in der Vorstellung des Asketen malt, dann tritt der entfernteste in den Nabel des nächsten, ihm folgenden Buddha ein, und so kehren sie nach und nach einer in den anderen zurück, bis schließlich der letzte im Kontemplanten verschwindet. Bei weiterer Betrachtung treten aus allen Poren seines Körpers Padmablumen mit Buddha´s hervor, erfüllen den ganzen Luftraum mit einem endlosen Rankenwerk und kehren dann sämtlich an ihren Ausgangspunkt durch den Nabel zurück. Dabei empfindet der Asket ein ungewöhnliches Leichtigkeits- und Wonnegefühl: Sein Leib wird rein und licht, als ob er nur aus Edelsteinen bestände. Doch damit ist die Betrachtung Buddha´s noch nicht zu Ende. Der Kontemplant setzt unter Anleitung seines Meisters das Anschauen des Nabels fort, und bald züngelt aus dem Scheitel seines Hauptes eine **fünffarbige** Flamme, die fünf wunderbare Dinge birgt. In dieser Flamme sitzt Buddha, von einer strahlenden Wolke umgeben. Aus seinem Munde fällt eine zahllose Menge Lotosblumen, die das Universum füllen. Dann entspringen dem Nabel Buddha´s fünf Löwen, die alle die herausgefallenen Blumen verzehren und wiederum an ihren Ort zurückkehren. Gleichzeitig mit der Rückkehr der Löwen in den Buddha verschwindet auch die fünffarbige Flamme in seinem Leibe, während er selbst in den Betrachtenden durch dessen Scheitel eingeht. Dieser Samadhi heißt der Löwensprung. Der Leib des Kontemplanten taucht hierbei in goldenen Schein und auf seinem Nabel bildet sich eine runde Erhöhung, weiß und rein, wie ein Himmelslicht. In der Nähe des Nabels und um die Hüften herum erblickt der Asket vier (Dhyani)-Buddha´s (vgl. „Das goldene Blatt der Weisheit". Der Hrsg.), von deren jedem ein heller Sonnenstrahl ausgeht, bei dessen Licht der Asket alle Gegenstände im Weltall erspäht. Verschwinden die Buddha´s, dann bleibt an ihrer Stelle eine weiße Flamme zurück, die den Kontemplanten nach allen Richtungen durchschneidet. Bald tritt sie hinten heraus, bald zeigt sie sich vorn, bald dringt sie in die rechte Seite ein und kommt auf der linken wieder hervor, bald verschwindet sie, umgekehrt, auf der linken, um auf der rechten zu erscheinen. Nach allen diesen Vorgängen wird der Körper des Dayanci durchsichtig und rein, und ein blendendes Weiß legt wie eine Wassermasse seine Fluten um ihn.

Noch eine andere Betrachtung Buddha´s gibt es, mit deren Hilfe der Asket geistliche Furchtlosigkeit erreicht. Man nennt sie die Anschauung Buddha´s in seinem sterblichen und seinem geistigen Leibe, und sie besteht in folgendem: Nachdem der Meditierende sich das Bild Buddha´s so lebendig vorgestellt, als ob er sich vor ihm befände, geht er diese Erwägungen zu seiner Belehrung durch: „Das Gesetz des Alters, der Krankheit, des Todes und der Leiden in den Wiedergeburtsstadien lastet auf dem Menschen. Selbst bei einer Neuexistenz im Lande der Himmelsbewohner trägt er heftiges Verlangen nach Vergnügungen der Sinnenlust und findet nichts, was seiner Seele einen Halt bieten könnte. Gerät er aber auf eine der Stufen der niederen Wiedergeburten, so ist er unter Qualen und Furcht nicht einmal an etwas Gutes zu denken imstande. Wohin ich auch immer meinen Blick wende, überall treffe ich auf schnelle Vergänglichkeit, Zerfall und Tod, die wie grimmige Feinde unablässig über die belebten Wesen herfallen und ihnen mit den Leiden neuer Daseinsformen in zahllosen *Galab* drohen. Ich will darum um das Heil meiner Seele sorgen und sie behüten wie eine stillende Mutter ihr Kind." Nach solchen Reflexionen stellt sich der Kontemplant Buddha in der Hülle des sterblichen Leibes vor, und zwar zu der Zeit seines irdischen Daseins, da er der Menschheit seine Majestät und Weisheit offenbarte, da er von hellem Licht umflossen und geschmückt mit den zweiunddreißig körperlichen Vorzügen den gläubigen Anhängern seine Lehre von den Mitteln der Erlösung und den Wahrheiten der Allwissenheit predigte. Dann empfindet der Asket ein Wohlgefühl, ähnlich jenem, wenn man in der heißen Jahreszeit in kühles Wasser taucht, oder im Winter in warmes.

Die Betrachtung des geistigen Buddhaleibes ist das Nachsinnen über seine moralischen und intellektuellen Vollkommenheiten. Der Kontemplant meditiert über die grenzenlose Liebe und Barmherzigkeit Buddha´s, mit der er die Lebewesen von den Leiden erlöst, welche mit den Wiedergeburten verknüpft sind, und sie der Seligkeit des Nirvana zuführt. Dann denkt er an die anderen Vollkommenheiten Buddha´s. Gelangt er dabei infolge plötzlichen Verscheidens nicht an das Endziel dieser Erwägungen, dann wird er auf alle Fälle entweder als Mensch edler Herkunft wiedergeboren oder in den Welten, in welchem inkarnierte Buddha´s ihre Lehre verkünden.

Gegen Zorn und Hass, die letzten unter den Mängeln der menschlichen Natur, wird der Samadhi der Liebe vorgeschlagen. Zu diesem Zweck stellt sich der Asket die Lebewesen in drückender Qual vor. Zu seinen Füßen erscheint ein feuriger Schlund, von Wänden umgeben und von Sündern wimmelnd. Aus jeder Pore ihrer verunstalteten Leiber rinnt Blut. Von unbeschreiblichen Qualen gemartert, geben sie schreckliche Schmerzenslaute und Stöhnen von sich. Weiter malt die Phantasie dann dem Kontemplanten aus, wie diese Sünder sich in einen See von Eiter und Blut stürzen, dessen Fluten sich in Flammenströme verwandeln, die alle ihre Opfer verzehren. Unter solchen Erscheinungen erweckt der Betrachtende in sich Furchtlosigkeit und das Gelübde, die Dulder retten zu wollen, ablegend, führt er sie aus dem Schlund heraus, indem er mit der Hand die Wände berührt, worauf diese zusammenfallen. Bei der folgenden Etappe des Samadhi überkommt den Asketen angesichts der gepeinigten Kreaturen ein so starkes Gefühl des Mitleids zu ihnen, dass plötzlich seinen Augen Tränen wie Regen entströmen. Er wischt sie weg und bringt mit ihnen das gierige Flammenmeer zum Verlöschen. Die Glut erlischt und im See bleibt nur eine Anhäufung von Eiter und Blut zurück. Kraft derselben Barmherzigkeit lässt der Asket aus seinem Leibe Wassermaßen hervorbrechen, die alle Unreinigkeiten aus dem See fortspülen und ihn mit reinem, klarem Wasser anfüllen. Dann wächst aus ihm eine Blütenpflanze baumähnlich empor. Sowie die geretteten Wesen sie erblicken, streben sie darauf zu. Doch der Kontemplant heißt sie vorher das Wasser des Sees austrinken und sich damit waschen, und führt sie dann, selbst das Gewächs erklimmend, dorthin. Da er sieht, dass sie von Hunger geplagt werden, sättigt er sie mit plötzlich auftauchenden Speisen und macht ihren Leiden ein Ende. Nach und nach nimmt die Blütenpflanze immer größere Ausmaße an und wächst um mehrere Stockwerke. Der Asket begibt sich gemeinsam mit den Wesen auf die **zweite** Plattform, wo er ihnen ein Mahl anbietet und eine Predigt über die Notwendigkeit der Buße als der Hauptbedingung in Sachen des Erlösungswerkes hält. Dann steigt er mit ihnen noch höher und unterweist sie hier über die Lehre von der Vergeltung für die Taten in den Welten der Wesensklassen. Darauf erhebt er sich in die **dritte** Sphäre und lädt alle unten Gebliebenen dorthin ein. Hier erfüllt sich sein Herz mit Freude, denn er findet da kostbare Metalle und edle Steine, Kleidung und alle möglichen Speisen und gibt das alles den Kreaturen hin. Während dieses Mahles singen die Himmelsbewohner heilige Hymnen, die sie auf Instrumenten begleiten. Erquickt durch diese freudigen Darbietungen, verkündet ihnen nun der Asket die höhere Lehre. Schließlich erklimmt er mit ihnen die **oberste** Sphäre, wo er auf eine große Menge verschiedenster süßer und aromatischer Früchte stößt, die er gleichfalls verteilt. Da erscheint mit einem Male auf dem Gewächs ein blumiger Opferaltar, welcher das Bündel eines heiligen Buches, der „Schrift der Weisheit" trägt.

Der Kontemplant lässt die Wesen Blumen und Weihrauch dem heiligen Buche zum Opfer darbringen und fordert sie auf, Seele und Leib mit Hilfe von Betrachtungen zu reinigen, um sie würdig zur Annahme der erhabenen Lehre Buddha's vorzubereiten. Dann legt er ihnen die in dem Werke enthaltenen Thesen aus und setzt seinen Vortrag solange fort, bis ein helles und intensives Licht die Blütenpflanze und alle Kreaturen umflutet. Unter dem Einfluss dieses Lichtes geraten die Wesen in Entzücken und schweben nach allen Richtungen auseinander, seinen Strahlen folgend. Aus dem Leibe des Asketen löst sich gleichfalls Licht, das er sich ausdehnen und allseitig verbreiten lässt. Darauf verschwindet alles, und ringsherum herrscht nur Leere. Damit endet der Samadhi der Barmherzigkeit, und hier liegt auch die Grenze der niederen Betrachtungen, welche mit der Welt der Gelüste zu tun haben. Dann beginnt eine Stufenleiter, von Dhyana's, die nach der Lehre des Buddhismus auf den Gipfel völliger geistlicher Vollkommenheit führt.

Diese Betrachtungen tragen, wie ich oben gesagt habe, einen besonderen Charakter: Sie bestehen nur aus abstrakten Vorstellungen und machen Schritt für Schritt die Seele von allen Formen und Bedingungen der Existenz frei.

Ebenso wurde auch schon darauf hingewiesen, dass diese höheren Betrachtungen den beiden oberen Welten der buddhistischen Kosmologie entsprechen, die zusammen acht Himmel bilden. In dieser Beziehung stellen die Samadhi's, die zur Gruppe der höheren Betrachtungen gehören, an sich selbst ein untrennbares System dar, die „acht Entsagungen" oder die „acht Übergänge" oder, schließlich, die „acht Selbstversenkungen" genannt. Die Bezeichnung „Übergänge" charakterisiert ihre Bedeutung, denn sie dienen nur als Stufen auf der Leiter allgemeiner Selbstvervollkommnung, so dass ein Haltmachen auf irgendeiner derselben nichts anderes beweist, als entweder beschränkte Aufnahmefähigkeit oder unwürdigen Zustand des Asketen. Die vier ersten „Entsagungen" oder „Übergänge" korrespondieren mit der Welt der verklärten Formen, in welcher nach der exoterischen Lehre des Buddhismus die Menschen für gewöhnliche Tugenden wiedergeboren werden. In der buddhistischen Mystik hat das damit aber noch eine andere Bewandtnis. Die letzten vier Stufen entsprechen der immateriellen Welt, von der man einen genauen Begriff nur durch das Betrachtungssystem der Buddhisten gewinnen kann. Die kosmographischen Auskünfte darüber sind sehr dunkel.

Wer zur höheren Kontemplation übergeht, muss schon kurz mit den

Schwierigkeiten der Selbstversenkung bekannt und in den Dingen des Dhyana erfahren sein. Vor allem hat er seinen Geist in eine einheitliche Verfassung zu bringen und muss fest in der Überzeugung von der Unreinheit und der Unbeständigkeit sinnlicher Befriedigung, an der die Menschen Wohlgefallen finden, gewurzelt sein.

In dieser Überzeugung versenkt er sich in den Samadhi des Schauens von Unreinheiten und weißen menschlichen Skeletten, um einerseits seine Verachtung gegenüber sinnlichen Trieben zu stärken, andererseits, um sich zur Aufnahme der Eindrücke aus der transzendentalen Welt vorzubereiten. Er verharrt in diesem Samadhi solange, bis aus den Gebeinen seines eigenen Gerippes Strahlen eines Lichtes von solcher Helle hervorzuschießen beginnen, dass der Asket dabei sein Herz, den Sitz der Gedanken, erschaut und die Fähigkeit gewinnt, des letzteren Veränderungen so klar wahrzunehmen, wie einen Wasserstrahl in einem gläsernen Röhrchen. Dann taucht er in selige Untätigkeit mit seinem ganzen Wesen unter und empfindet unsägliches Wohlbehagen. Das bildet die höhere Betrachtungsstufe in der sinnlichen Welt. Leute mit intensiver Aufnahmefähigkeit erreichen diesen Zustand im Verlaufe von einer Woche gesteigerter Anstrengung, andere in drei Wochen, wieder andere aber können zeitlebens nicht an dieses Ziel gelangen. Fundamentale Hindernisse hierbei sind: Moralische Mängel, Unbußfertigkeit in Bezug auf die Sünden, verkehrte Überzeugungen der Vernunft und Todsünden, auch wenn sie in den Präexistenzen begangen worden sind. Doch stets soll der Kontemplant dessen eingedenk sein, dass der von ihm erreichte Höhengrad im Hinblick auf die weitere Vervollkommnung nur eine Übergangsstufe ist, und deshalb darf er auf ihr nicht in Sorglosigkeit einschlafen. Hier ist Nachsinnen über die Nichtigkeit wollüstiger Genüsse ganz besonders vonnöten. Drohen im Asketen irgendwelche Leidenschaften zum Durchbruch zu kommen, so soll er sie gleich im Keime durch passende Erwägungen ersticken. Ein Dahindämmern in diesem Zustand ist für ihn besonders gefährlich. Um das von sich fern zu halten, stellt er sich den Herrscher des Todes vor, wie er dasteht, bereit, ihn mit dem Schwertschlag des Schicksals zu treffen. Tritt dieser Zustand nachts ein, dann wäscht er sein Gesicht mit kaltem Wasser, blickt nach allen vier Himmelsrichtungen und stellt die frühere Makellosigkeit der Gedanken entweder durch Betrachtung der Sterne oder durch Nachsinnen über Buddha und seine hehre Lehre wieder her. Unter ähnlichen Methoden und Vorsichtsmaßregeln wird er schließlich von den Bedingungen der sinnlichen Welt völlig frei und vollzieht den Übergang aus dieser in jene der lichtstrahlenden Formen.

Das Eintreten des Kontemplanten in die **erste** (Himmels-)Sphäre der lichtstrahlenden Formen äußert sich darin, dass sein Körper durchsichtig wird. Die allerreinsten Elemente der Welt dieser Formen durchdringen sein ganzes Wesen, wie strömende Wasser die trockene Erde tränken – sein Leib wird leicht und harmonisch. Dieser plötzliche Übergang bringt in der Seele des Betrachtenden eine heftige Erschütterung hervor. Er erwacht gleichsam wie aus einem tiefen Schlaf und empfindet ein noch nie dagewesenes Wohlbehagen, ähnlich jenem, das man durchmacht, wenn man zur Zeit drückender Hitze in kühles Wasser taucht. Anfänglich ist dieses Gefühl verworren und unbestimmt, weil es durch ein starkes Empfinden gedämpft wird. Sobald es sich aber nach und nach legt, beginnen auch die Verstandeskräfte des Kontemplanten ihre Tätigkeit. Er erschaut eine für ihn völlig neue Sphäre, die auch der geringsten Neigung zu sinnlichem Verlangen fremd ist, und die verklärte Gestalt seines Leibes. So erzeugt ein kräftiger Schlag an eine Glocke zuerst einen sich überstürzenden und ungleichmäßigen Klang, der dann allmählich in einen ebenen und ruhigen Ton übergeht. Infolge dieses Erlebens empfindet der Asket ein unbeschreibliches Wohlbehagen, das noch mehr wächst, wenn er den gegenwärtigen Zustand mit dem früheren vergleicht, über Buddha meditiert und das Gefühl der Barmherzigkeit gegenüber den Wesen, welche noch durch die Fesseln der Sinnlichkeit gebunden sind, Raum gewinnen lässt. Auf dieser Stufe kann der Kontemplant Versuche über die Macht des Samadhi anstellen und vermittelst der ihm innewohnenden Energie den ganzen grenzenlosen Raum in verschiedenen Farben, blau, gelb, rot, weiß, erscheinen lassen oder ihn in Erde, Wasser, Feuer oder (Luft) Äther verwandeln. Doch der Haupteffekt, der auf dieser Stufe in der Seele des Asketen zur Geltung kommt, ist das beständige Empfinden oder die Aufnahme von Eindrücken der neuen Welt und eine Auffassung oder Regsamkeit des Intellekts, die durch diese Empfindung ausgelöst wird. Doch können diese seelischen Bewegungen ihm auch zum Fangstrick werden, obgleich ihr Objekt ein moralisch einwandfreies oder indifferentes ist. Wenn die Seele sich fest an das kettet, was sie durchlebt, und mit den Eindrücken intim wird, so bedeutet das einen Stillstand, und sie vermag nicht auf eine höhere Stufe der Betrachtung überzugehen. In dieser Beziehung werden Empfinden und Auffassung auf den Kontemplanten dieselbe Wirkung ausüben, wie gemischte Geräusche (verschiedenen Ursprungs) auf einen Menschen, der schlafen will. Als Folgeerscheinung kann auch der Fall eintreten, dass Empfinden und Auffassung ihn wieder in die Bedingungen des Daseins in der Welt der Gelüste zurückbringen, ähnlich wie der Wind zuerst das Wasser in Bewegung und dann vom Grunde Schmutz nach oben bringt und es trübe macht. Auf Grund eben dieser Überlegungen stellt der Asket die Tätigkeit seiner Verstandeskräfte und das Empfinden ein und versetzt sich mit Hilfe der Selbstversenkung in die zweite Himmels-Sphäre der Welt der lichtstrahlenden Formen.

Das erste Merkmal des Betretens dieser Stufe der Beschauung ist eine tiefe Ruhe der Seele als Folge der Lossagung von Empfindungen und Auffassungen. Die Seele des Kontemplanten wird hierbei so rein und gewissermaßen durchsichtig, wie ein Gewässer in ruhigem und unbewegtem Zustande, wenn sich in ihm Himmelslichter und Berge völlig klar wiederspiegeln. Diese reine Ruhe der Seele heißt heiliges Schweigen oder innere Reinheit. Doch in demselben Maße, wie der Betrachtende sich dem Einfluss dieser neuen Sphäre unterordnet, verspürt er auch ein Entzücken, welches das Wohlbehagen der ersten Stufe bei weitem übertrifft. Dieses Entzücken bildet ein unterscheidendes Charakteristikum der **zweiten** Beschauungsstufe; doch ähnlich dem Empfinden und der Auffassung der ersten ist es nichts mehr und nichts weniger als ein Übergangsstadium. Wenngleich es sich für den Kontemplanten hier auch um ein Gefühl, rein und ohne fremde Beimischung, handelt, so soll er sich doch nicht daran klammern, denn jedes Festhaften ist schon ein Nachteil und endet gewöhnlich mit Gram oder Leiden. Entzücken ist auf den höheren Stufen der Betrachtung ein unfeines Gefühl, weshalb der Kontemplant sich beeilt, davon frei zu werden und in die **dritte** Sphäre überzugehen.

Das Wesen dieser **dritten** Stufe der Betrachtung liegt in einem Genießen, doch nicht in jenem, das Bestandteil der ersten und zweiten ist, sondern, wenn man so sagen darf, in einem solchen ohne Wohlbehagen und ohne Entzücken. Sein charakteristisches Merkmal kommt darin zur Geltung, dass es

1. das ganze Wesen des Kontemplanten in seinen Bann zieht und
2. in voller Fülle zum Ausdruck gelangt, während auf den beiden niederen Stufen eine so reichliche Entfaltung infolge jenes verworrenen Gefühls nicht möglich ist, das im ersten Falle der Empfindung und Auffassung, im zweiten dem pulsierenden Auftreten der Verzückungen entspringt.

Zwischen dem einen und dem anderen Genießen besteht derselbe

Unterschied, wie zwischen dem Wohlbehagen, das ein erhitzter Mensch empfindet, wenn er sein Gesicht mit kaltem Wasser wäscht, und dem, wenn er zur heißen Jahreszeit mit dem ganzen Leibe in kühles Wasser untertaucht. Immerhin kann die Seele des Asketen in diesem Zustande des Genießens drei Unzulänglichkeiten durchmachen, nämlich entweder die Energie verlieren oder in heftige Bewegung geraten oder schließlich in Finsternis und Trübsal versinken. Im ersten Falle steigert der Kontemplant nachhaltig die Funktionen seines Intellekts, im zweiten schränkt er sie ein oder lässt sie ganz aufhören, im dritten endlich stellt er den früheren Zustand durch Nachsinnen über die tiefe und treffliche Lehre Buddha´s wieder her. Klar ist es, dass der Asket, da der Genuss auf der dritten Stufe ein außerordentlich hoher, dem Zwange gehorchend, alle seine seelischen Kräfte anstrengt, um diesen Zustand zu erhalten. Aber das eben bringt ihn auch in Aufregung und dadurch wird das Genießen zum Leiden. Deshalb verwirft der Betrachtende dieses Stadium als ein zeitweiliges, das außerdem noch schwer aufrecht zu halten ist, und sucht Beruhigung in der **vierten** Himmelsphäre.

Beim Betreten der **vierten** Dhyanastufe rottet der Asket jedes Gefühl von Freude und Trauer, von Genuss und Leid in sich aus und bewahrt seine Seele in völliger Einfalt. Darum ist das charakteristische Merkmal dieser Stufe ein leidenschaftsloser Zustand der Seele, die ob der Freuden auf den niederen Stufen kein Bedauern trägt, ja, nicht einmal mehr an sie denkt. Diese niederen Grade der Betrachtung waren nicht nur nicht imstande, der Seele jene Einfalt zu vermitteln, nein sie waren für dieselbe vielmehr das, was der Wind für ein brennendes Lämpchen an ungeschützter Stelle ist. In dieser Beziehung ist die vierte Stufe der absolute Zustand, die drei ersten aber dienen nur als Ansätze, genau so wie die Abhänge eines Berges zu seinem Gipfel führen. Die Buddhisten nennen diese Stufe das Stadium der Unbeweglichkeit, der unbeirrbaren Selbstversenkung, der Beruhigung. In den Höhen dieser geheimnisvollen Sphäre, an dieser Grenzmark der Welt der verklärten Formen, ist der Kontemplant schon über alle Kräfte der Natur erhaben: Er sieht alles, was im Kosmos vorgeht, vernimmt alle Reden, kennt alle Gedankengänge der Wesen, erinnert sich seiner Präexistenzen, kann ungehindert das Universum durcheilen. Seine Gefühle erweitern sich zu einer grenzenlosen Fülle: Ergibt er sich jenem der Liebe, dann umfängt er damit die ganze Welt, Freunde und Feinde, Nahe und Ferne, und schließt darin auch alles ein, was da „kreucht und fleucht", bis zu den kaum bemerkbaren Insekten. Lässt er das Gefühl der

Barmherzigkeit walten, so hat er Mitleid mit der ganzen Welt und sieht selbst in den Genüssen der Wesen nur die Leiden. Wenn er beim Nachsinnen über die Erhabenheit der Lehre Buddha´s, die die Menschheit vom Elend befreit und sie zur Stätte der Beruhigung führt, in Entzücken gerät, dann lässt er alle Wesen, die das Weltall bewohnen, an dieser Freude teilnehmen. Versinkt er schließlich, nachdem er sich von allen Gefühlsfunktionen losgesagt, in Leidenschaftslosigkeit, dann führt er diesen Zustand bis zur Verneinung der Wirklichkeit der Erscheinungen und ausschließlicher Anerkennung einer alles durchdringenden Leere durch. Auf dieser Stufe kann sich der Kontemplant in spezielle Samadhi´s versenken, die einen höheren oder geringeren Grad der Wohltätigkeit gegenüber den Kreaturen zum Ziel haben. Solche sind die Samadhi´s der Festigkeit, der Majestät, der Beschwörungen, welcher die Wirkungen von Gift aufhebt und physisches Elend beseitigt, wie Hagel, Epidemien usw., der Samadhi, der Dämonen verscheucht, jener, der Regenwolken zur Zeit der Dürre, der Errettung und Behütung der Menschen auf Wasserwegen, des Versehens mit Speise und Trank in der Wüste, der Reichtum verschaffende, jener der Belebung von Menschen, welche in Ohnmacht liegen, der Samadhi der Auferweckung vom Tode, der Wiedergabe des Gehörs den Tauben, der Sehkraft den Blinden, der Sprache den Stummen usw. Aber wie hoch auch immer die Vollkommenheit sein mag, die der Asket auf der vierten Stufe der Betrachtung erreicht, sie bildet noch nicht die letzte Grenze, denn hinter ihr liegt noch die ganze Region der unkörperlichen Welt (=Metatron oder 4 Dhyani-Buddhas – siehe „Das goldene Blatt der Weisheit". Der Hrsg.). Diese Welt besteht, ähnlich jener der lichtstrahlenden Formen, gleichfalls aus vier Himmelssphären, denen in der Betrachtung vier Samadhi´s entsprechen. Der erste Himmel heißt die Region der grenzenlosen Leere, der zweite die des schrankenlosen Wissens, der dritte – die Region des Nicht-Seins und endlich der vierte –, die der Verneinung von Denken und Nicht-Denken.

Die erste Stufe in der Betrachtung der unkörperlichen Welt ist der Samadhi der Leere. Um sie zu erreichen, befreit sich der Asket von den Formen der sichtbaren Welt durch die folgenden Gedankengänge: „Alles, was eine Form hat, ist zeitweilig, nicht selbständig, nichtig und verursacht nur Leiden. Unterwirft man die Formen einer Analyse, dann erhalten wir als Ergebnis, wenn man sie in ihre Komponenten und sogar Atome zerlegt, rein nichts; deshalb hat auch unser Leib, als aus Teilen zusammengesetzt, keine selbständige Existenz. Nehmen wir beispielsweise einen Teil des menschlichen Körpers, das Organ des Sehens. Das „Auge" besteht aus zehn Elementen: Den vier groben Grundstoffen, Erde, Wasser, Feuer und Äther, den vier feinen, Farbe, Geruch und Empfindungsvermögen des Körpers und schließlich aus schwarzen und weißen Kreisen. Löst man das „Auge" in diese Teile auf, so ist es als solches natürlich nicht mehr da. Ein Lichtstrahl, rein und ohne Beimischung, der die Funktion des Sehens auslöst, ist schließlich auch das Produkt (der Wirkungen) der vier Elemente, und obgleich er nichts Fremdes an sich hat, verrät er bei der Berührung mit den Objekten sein wahres Wesen und zerfällt. Dabei nennen wir „Auge" das, was die Objekte wahrnehmen kann; wenn es aber keine Objekte gibt, so gibt es auch selbstverständlich kein „Sehen". Nach dieser Methode werden auch alle übrigen Teile des Leibes hinsichtlich ihrer Existenz annulliert, darauf alle materiellen Formen und endlich die Wesen, alles wird der Zerlegung unterworfen und erweist sich als Leere. Nachdem dergestalt den Formen das Siegel der Verneinung aufgedrückt worden, richtet der Asket seine Aufmerksamkeit auf die Leere des eigenen Körpers, so auf den Mund, die Nase, die Kehle, die Augen, die Brust und den Magen, fest davon überzeugt, dass Formen – Unrast sind, Leere dagegen – Ruhe. Sobald seine Seele diese Gewissheit in dem Gedanken an die Leere gewinnt, dann beginnen die Leere-Vorstellungen hinsichtlich seines eigenen Leibes allmählich solange an Ausdehnung zuzunehmen, bis schließlich sein Körper ganz und gar verschwindet. Darauf führt der Kontemplant auch alle anderen Formen in diesen Zustand über, so dass für ihn endlich Alles in eine allgemeine Leere übergeht. Die gesamten Funktionen seiner Seele sind in diesem Zeitraum ausschließlich auf die Leere gerichtet. Im Resultat reißt sich seine Seele völlig von Formvorstellungen los und schwebt geschwind durch die unermessliche und grenzenlose Weite dahin, wie ein Vogel, der seinem Käfig entschlüpft, in den er bisher eingeschlossen war. Darin besteht eben der Samadhi der Leere, welcher die abstrakte Idee des schrankenlosen Raumes zum Gegenstand hat.

Doch auch auf dieser Stufe der Betrachtung macht der Asket noch nicht Halt, denn ihm geht die Erkenntnis auf, dass die Leere auch nur eine seiner Vorstellungen, mithin den Bedingungen der Existenz unterworfen ist, d. h., sie war anfänglich da, dann aber wird sie nicht vorhanden sein, sie existierte früher nicht, um darauf zu erscheinen, folglich ist sie nicht irgend etwas Ewiges oder Unveränderliches. Darum bricht der Betrachtende seine Beziehungen zur Leere ab und strebt die höhere Selbstversenkung an. Er erkennt, dass erstere ein Produkt seiner persönlichen Kraft der

Verstandesfunktionen ist, und in der Annahme, dass nur diese Kraft allein wahr ist, konzentriert er eben auf sie seine Gedanken. Zu gleicher Zeit wird denn auch das Vermögen seiner Verstandesfunktionen klarer und klarer, weiter und weiter, wie die Flamme einer Leuchte oder wie ein Gewässer, das über seine Ufer tritt, und umfasst das Vergangene, das Gegenwärtige und Zukünftige in Grenzenlosigkeit und Unermesslichkeit. Darin besteht der Samadhi des schrankenlosen Wissens mit dem abstrakten Inbegriff von der Zeit.

Ferner aber kommt dem Kontemplanten zum Bewusstsein, dass die Macht der Verstandesfunktionen genau genommen auch nur ein Trugbild ist, dem keine Realität zu Grunde liegt. Denn es erscheint in Abhängigkeit von fremden Objekten und es verschwindet, sobald diese verschwinden, sowie die Wahrnehmung von Gerüchen aufhört, wenn sie verwehen. So ist denn sinnliches Begehren Illusion, die Formen – Illusion, die Leere – Illusion, die Macht der Verstandesfunktionen – Illusion. Alles Trug und folglich – Nicht-Sein. Darum muss im Nicht-Sein die Beruhigung verborgen liegen. Mit diesem Gedanken vertieft sich der Asket in den Samadhi des Nicht-Seins, d. h. in einen Zustand außerhalb der Bedingungen von Raum und Zeit. Trotzdem aber bleibt im Kontemplanten noch immer die Tätigkeit der Seele wirksam. Worin äußert sich diese Tätigkeit? In der Überzeugung vom Nicht-Sein, entgegengesetzt der Überzeugung vom Sein, die in allen niederen Sphären herrscht. Die Überzeugung vom Nicht-Sein ist eine exklusive und mithin wandelbare Anschauung, welcher der leidenschaftliche Hang zu dieser Überzeugung auf dem Fuße folgt, diesem aber wieder Verfinsterung des Intellekts und dann weiter – die Wiedergeburten. Deshalb verwirft der Betrachtende die Region des Nicht-Seins und erhebt sich zur höchsten in den drei Welten, in der es nach der Ausdrucksweise der Buddhisten weder Denken noch Nicht-Denken gibt, ein rein negativer Zustand, der die Idee des Ruhens der Vernunft in sich schließt. Doch ist diese Idee der Ruhe im Hinblick auf ihre negative Eigenschaft so unbestimmt, dass sie eher als ein Übergangsgebiet oder als ein Bindeglied zwischen der vorhergehenden Region und der endlichen Lossagung von der Welt gelten kann. Allem Anschein nach bewegen sich die Buddhisten, sobald sie den Betrachtungsmethoden in einer höheren Schauungs-Sphäre ihren Platz angewiesen, nur auf den Pfaden absoluter Verneinung, die Anwendung jedes positiven Ausdrucks ängstlich vermeidend, denn jeder ausschließliche Begriff, mag er nun positiv oder negativ sein, ist seinem Wesen nach trügerisch. Dieser höchste Samadhi ist die achte und letzte Stufe der höheren Betrachtung. Sie steht an der Grenze der ewigen Ruhe, welche Nirvana heißt.

Das sind die verschiedenen Etappen der Betrachtungen im aufbauenden Gang der Entwickelung des Kontemplantenlebens von Anfang bis zu Ende. Ich fragte meinen Mentor, ob es denn in der Tat bei ihnen solche Dayancinar gäbe, die, wenn sie ihr Leben beschlössen, direkt das Nirvana erreichten. Er antwortete mir, dass es schwierig sei, über den seelischen Zustand des einen oder anderen Asketen ein Urteil abzugeben, und darum könne man auf diese Frage auch nichts Positives entgegnen. Man darf also nach allem kaum annehmen, dass heutzutage solche Kontemplanten existieren. Um mittelst der Betrachtungen das Nirvana zu erreichen, ist es nötig, alle ihre Stufen durchzumachen. Das ist aber absolut unmöglich, nicht nur im Verlauf eines Menschenalters, sondern auch mehrerer *Galab*, denn jede Stufe schließt ganze Dutzende von Samadhi's in sich ein. Erklären konnte mir mein Gewährsmann diese nicht, gab mir dafür aber eine Liste ihrer Titel, die ich hier anführe:

1. Der nicht ermüdende Samadhi der Sravaka's und Pratyeka-Buddha's.
2. Der Samadhi der kostbaren Mudra.
3. Der trefflich unterweisende Samadhi des Löwen.
4. Der gute Mond-Samadhi.
5. Der siegreiche Samadhi des majestätischen Mondes.
6. Der um vieles höher als alle Dharma's dastehende Samadhi.
7. Der Mudra-Samadhi aller Dharma's.
8. Der klar den Scheitelschmuck erschauende Samadhi.
9. Der fest im Zentrum der Dharma's ruhende Samadhi.
10. Der Samadhi mit dem wahrhaft majestätisch-siegreichen Merkmal.
11. Der Donnerkeil-Samadhi.
12. Der Mudra-Samadhi des Eintritts in alle Dharma's.
13. Der Samadhi, welcher sich gleich einem König völlig in dem Samadhi niederlässt.
14. Der intensiv Licht schaffende Samadhi.
15. Der die Abteilungen fest gründende Samadhi.
16. Der in Wahrheit vorzügliche Samadhi.
17. Der zweifellos in die zuverlässigen Aussprüche eindringende Samadhi.
18. Der sich mit Name und Begriff (?) eingehend befassende Samadhi.
19. Der das Abseitsliegende eingehend betrachtende Samadhi.
20. Der völlig die Mudra('s) umfassende Samadhi.
21. Der unzerstörbare Samadhi.

22. Der Mudra-Samadhi des Meeres, das in Wahrheit alle Dharma´s in sich schließt.
23. Der den Himmel weit anfüllende Samadhi.
24. Der Donnerkeil-Kreis-Samadhi.
25. Der Samadhi des Armschmucks auf der Spitze des Siegeszeichens.
26. Der majestätische Samadhi der Empfindungen.
27. Der, dem Prinzip folgend, fortschreitende Samadhi.
28. Der hoch aufstrebende Löwen-Samadhi.
29. Der (auf dem Wege) Halt machende Samadhi.
30. Der den Hang zur Materie verwerfende Samadhi.
31. Der außerordentlich lichte Samadhi.
32. Der nichts suchende Samadhi.
33. Der Samadhi, welcher sich nicht auf ein Objekt verlässt.
34. Der Samadhi ohne (Tätigkeit des) Geist(es).
35. Der Samadhi des makellosen Glanzes.
36. Der Samadhi des unermesslichen Lichtes.
37. Der erleuchtende Samadhi.
38. Der alles erleuchtende Samadhi.
39. Der erhaben-reine Samadhi.
40. Der Samadhi des fleckenlosen Lichtes.
41. Der erfreuende Samadhi.
42. Der Samadhi des Blitzes.
43. Der unerschöpfliche Samadhi.
44. Der nicht nachlassende Samadhi.
45. Der machtvolle Samadhi.
46. Der von der Vollendung ablassende Samadhi.
47. Der Samadhi der Unbeweglichkeit.
48. Der nicht zugrundegehende Samadhi.
49. Der Sonnenglanz-Samadhi.
50. Der fleckenlose Mond-Samadhi.
51. Der Samadhi der Leuchte der Weisheit.
52. Der klare lichte Samadhi.
53. Der Taten vollführende Samadhi.
54. Der majestätische Weisheits-Samadhi.
55. Der einem Donnerkeil gleiche Samadhi.
56. Der Geist(estätigkeit) repräsentierende Samadhi.
57. Der völlig eindringende Samadhi.
58. Der Grenz-Samadhi des Kleinods.

59. Der Mudra-Samadhi des erhabenen Gesetzes.

60. Der indifferent gleichmäßige Samadhi aller Dharma´s.

61. Der Samadhi, welcher sich von der Freude lossagt.

62. Der Dank der Dharma´s hervorragend gewordene Samadhi.

63. Der außerordentlich verbreitete Samadhi.

64. Der die Worte aller Lehren trefflich unterscheidende Samadhi.

65. Der die Silben recht anordnende Samadhi.

66. Der die Dharani´s vermeidende Samadhi.

67. Der Samadhi, welcher das, was Gegenstand des Nachsinnens ist, vernichtet.

68. Der unvergängliche Samadhi.

69. Der Samadhi ohne Auswahl (?).

70. Der Samadhi des Eintritts mit Hilfe des zuverlässigen Namens.

71. Der allerorten wandelnde Samadhi.

72. Der nicht trübe werdende Samadhi.

73. Der durch Übungen gekennzeichnete Samadhi.

74. Der unwandelbare Samadhi.

75. Der an den Objekten (der sinnlichen Wahrnehmung) vorübergehende Samadhi.

76. Der in der Ansammlung aller Vorzüge (Tugenden, Verdienste) bestehende Samadhi.

77. Der Samadhi ohne Geistestätigkeit.

78. Der Samadhi, bei dem sich moralisch-religiöses Verdienst und Wohltaten in Klarheit verbreiten.

79. Der Samadhi mit der Bodhi-Partikel.

80. Der Samadhi unermesslicher (moralischer und intellektueller) Fähigkeiten.

81. Der gleichmäßige Samadhi mit (der Eigentümlichkeit des) Nicht-Plötzlichem(n).

82. Der an allen Daseinsformen vorübergehende Samadhi.

83. Der völlig trennende Samadhi.

84. Der klar zum sichtbaren Ausdruck gelangte Samadhi.

85. Der Samadhi mit einem Klassenmerkmal.

86. Der nicht sonderlich verleugnende Samadhi.

87. Der Samadhi der flammenden Leuchte.

88. Der Samadhi der bewussten Untätigkeit des Geistes.

89. Der unerschöpfliche Trugbild-Samadhi.

90. Der die Zweifel radikal beseitigende Samadhi.

91. Der Samadhi, welcher kein Objekt (mehr) aufkommen lässt.
92. Der mit einem Male intensiv wirkende Samadhi.
93. Der auf Sprache und Stimme (in seiner Wirkung) übergehende Samadhi.
94. Der die natürlichen Eigenschaften völlig auslöschende Samadhi.
95. Der Samadhi der grundlegenden Funktionen von Intellekt und Seele.
96. Der entschlossene (herzhafte) Samadhi.
97. Der sich makellos ausbreitende Samadhi.
98. Der Samadhi mit dem Lichte des Blitzes.
99. Der große Schmuck-Samadhi.
100. Der aus jeder Existenz Licht schaffende Samadhi
101. Der zur gleichmäßigen Kontemplationsmethode sich auswirkende Samadhi.
102. Der die Sünden des Leibes wahrhaft heilende Samadhi.
103. Der durch alle erhabenen Klassen gekennzeichnete Samadhi.
104. Der weder harmonierende noch sich loslösende (neutral bleibende) Samadhi.
105. Der auf dem Wege der Verstandestätigkeit im eigenen Innern den Grund (für den Begriff) vom Samsara legende Samadhi.
106. Der mit Stimme und Laut die Trennung durchführende Samadhi.
107. Der über alle Freuden und Leiden sich nicht freuende Samadhi.
108. Der die feste Überzeugung und alle (leidenschaftliche) Abspannung vernichtende Samadhi.
109. Der jede Trennung und jedes Hindernis in Ruhe verlaufen lassende Samadhi.
110. Der sich vom Nicht-Irdischen und dem Irdischen (der Makellosigkeit und der Sünde) freimachende Samadhi.
111. Der Samadhi mit dem wahrhaften Anteil an der Befreiung vom Hang zur Welt.
112. Der alle mit dem Hang zur Welt Behafteten hanglos machende Samadhi.
113. Der Samadhi, welcher ohne intellektuelle Tätigkeit in der Natur, wie sie nun einmal beschaffen ist, verharrt.
114. Der, um die Sünden der Zunge wirkungsvoll zu brechen, himmelsgleich gewordene Samadhi.
115. fehlt.
116. Der zum Zwecke der Aufrechterhaltung der Himmelsgleichheit sich definitiv freimachende und nicht haftenbleibende Samadhi.

Weitere Bücher aus dem Christof Uiberreiter Verlag:

Das goldene Blatt der Weisheit
Seila Orienta/Franz Bardon

Zum ersten Mal in der okkulten Literatur wird die 4. Tarotkarte des Hermes Trismegistos verständlich beschrieben und offengelegt. Sie beinhaltet unbekannte Konzentrations- und Meditationsübungen. Des Weiteren gibt sie Hinweise und erklärt die Unterschiede zwischen Magie und Mystik und Gefahren des einseitigen Weges. Am Ende steht die Verbindung mit der universellen Gottheit, dem Herrn der Sonnensphäre, welcher quabbalistisch „Metatron" genannt wird.

*

5. Tarotkarte – Mysterien des Steins der Weisen
Seila Orienta/Franz Bardon

Dieses Buch stellt die Vorderseite der Alchemie dar, die die einzelnen praktischen Übungsschritte erklärt, ohne die verschlüsselten Mystifikationen der alten Alchemisten auch nur annähernd zu erwähnen, wie man es aus den anderen Büchern des Franz Bardon kennt. Es wird erklärt, dass ohne vollkommene Beherrschung der 4 Elemente keine Alchemie möglich ist. Des Weiteren wird mit den einzelnen Ebenen, mit den Matrizen, dem elektromagnetischen Fluid usw. gearbeitet. Doch der Hauptpunkt stellen die göttlichen Eigenschaften wie z. B. die Allmacht dar, mit denen der Göttliche Stein der Weisen durch gewisse Übungen geladen wird.

*

Talismanologie und Mantramkunde
Seila Orienta/Franz Bardon

Zum ersten Mal werden hier (magisch) geladene Mantrams – Gebetssätze – preisgegeben, welche bei nötiger Reife, Ausgeglichenheit und Reinheit durchdringende Erfolge versprechen. Mantrams sind ja nach Bardon nicht irgendwelche „Suggestionssätze", sondern sie sind Ideenausdrücke, mit denen man mit Mächten, Kräften, Eigenschaften, also Gottheiten, in Verbindung kommen kann. Gleichzeitig werden die dazugehörigen Siegelzeichen der göttlichen Ideen preisgegeben, welche im rituellen

Zusammenhang mit den Mantrams stehen. Ein Buch, dass nicht nur die Hermetiker, sondern auch die Anhänger der Yogawissenschaften inspirieren wird!

*

Eine Sammlung der schönsten und lehrreichsten Beschwörungsgeschichten
Hohenstätten

Dieses Buch ist einzigartig, denn es zeigt den zweiten Band von Franz Bardon an Hand von interessanten Evokationsberichten, die genau das bestätigen, was Bardon in seinem Buch geschrieben hat, und noch darüber hinaus. Es werden sensationelle Erlebnisse geschildert, die man sonst niemals findet. Auch aus unveröffentlichten Schriften wird zitiert.

*

Verkörperungen des Meister Arion
Hohenstätten

Man wird beim Lesen dieses Buches nicht glauben, wie viele bekannte und unbekannte Inkarnationen Franz Bardon hatte. Die paar, die im „Frabato" bekannt gegeben wurden, stellen nur einen geringen Teil seiner Verkörperungen dar. Wir mussten, da es dermaßen wenig Literatur über die Verkörperungen gab, wieder hunderte und aberhunderte von Büchern, Aufsätzen, Zeitschriften und Artikeln durcharbeiten, bis wir genügend Material für dieses Buch hatten. Aber der Leser wird sich beim Lesen sicherlich über unsere Arbeit freuen, denn sie wird ihn in Erstaunen versetzen!

*

Shamballa, der goldene Tempel des Lichts
Hohenstätten

Dieser Tempel dürfte jeden Leser von Bardons Roman „Frabato" fasziniert haben. Dass es aber in der okkulten Literatur noch viel mehr Informationen darüber gibt, die man aber nur findet, wenn man alles Veröffentlichte gelesen hat, dürfte dem einen oder anderen unbekannt sein. Es wurden wieder ganze Stöße von Büchern durchgesehen und das Ergebnis wird hier veröffentlicht. Es wird aber gleichzeitig darauf hingewiesen, wie viel Schundliteratur es darüber gibt, wie viel Lügen im Umlauf sind, damit sich der Schüler der Hermetik ein klares Bild machen kann. Wir bringen in diesem Buch alles, was wir an Material darüber gefunden haben und es wird auch noch einiges aus der eigenen Erfahrung, was das Wertvollste ist, mitgeteilt. Nicht nur über den Tempel wird berichtet, sondern auch über die damit verbundene „Bruderschaft des Lichts", dessen Sitz er darstellt.

*

Auf der Suche nach Meister Arion
Hohenstätten

Diese Autobiographie eines Schüler der Hermetik des Franz Bardon schildert sein magische Leben, in welcher zahlreiche Erfahrungen zu den Übungen aus dem Adepten geschildert werden, die die Hauptperson selbst erlebt hat. Es wird der schwere Weg des Adepten aus autobiographischer Sicht gezeigt, seine vielen Tiefschläge, aber auch seine glanzvollen Seiten und Zeiten. Der harte Kampf mit dem Seelenspiegel wird bis in alle Einzelheiten aufgezeigt, genauso wie die vielen anderen Wege, in welche der Autor reinschnupperte, um dadurch reichlich Erfahrung sammeln zu können. Darüber hinaus enthält es unzählige Erfahrungen und Berichte betreffs Mantramistik nach Bardon, die wahre Runenmagie, zahlreiche Evokationen sowie Invokationen mit seinem Lehrer Anion, einen magischen Exorzismus, wie er bisher noch nie öffentlich geschildert wurde. Mentalreisen, Beeinflussungen, Übungen zur Gottverbundenheit, Erscheinungen, Alchemie, Heilungen mit den verschiedensten magischen Methoden z. B. Quabbalah oder durch die Elemente, Schutzgeistevokationen und viele andere magische „Wunder" seines Freundes und Lehrers Anion. Auch einige magische Fotos in Farbe, ein bisher von Bardon unveröffentlichtes Akashafoto von Christus und ein Bild des schwebenden Meister Arion werden in diesem Buch preisgegeben. Der Inhalt ist viel reichlicher, als hier kurz beschrieben werden kann.

*

Magisches Gleichgewicht
Hohenstätten

Dieses Buch zeigt eindeutig, dass in allen anderen Systemen das „Gleichgewicht" genauso gebraucht wird, wie bei Bardons Werken. Er war nicht der Einzige, der das erwähnte, aber er war der erste, welche es deutlich erklärte, denn die anderen Systeme sprachen nur durch das Symbol, welches nicht jedem Leser verständlich war. Obendrein bringen wir noch Unveröffentlichtes vom Meister Arion zu dieser Grundlage der magischen Entwicklung.

*

Das Leben und die Erfahrungen eines wahren Hermetikers
Seila Orienta

Diese Autobiographie eines Magiers ist unübertroffen, denn bis jetzt hat kein einziger, okkult Geschulter, so offen und ehrlich gesprochen wie Seila Orienta. Er gibt in diesem Werk sein Leben bekannt, sowie seine zahlreichen und äußerst interessanten Erlebnisse und Erfahrungen. Es werden auch zum ersten Mal Fotos von Wesen der Sphären gezeigt, welche Franz Bardon höchstpersönlich in den 20ern gemacht hat. Des Weiteren schreibt Seila Orienta über die Sphären, über Dämonen, Logenkontakte und vieles, vieles mehr, was einem ehrlich strebenden Hermetiker das Herz übergehen lassen wird.

*

Das Leben des Franz Bardon
Hohenstätten

Dieses Buch beschreibt das Leben des Meisters außerhalb des Frabatos, welches seine Sekretärin – Otti V. – geschrieben hat. Es beinhaltet Erklärungen zu seiner „Biografie", weitere Einzelheiten über den Kampf mit der FOGC, seine Beziehung zu Wilhelm Quintscher und anderen Okkultisten, was alles bisher unbekannt war! Des Weiteren werden viele Erlebnisse seiner Schüler in Prag erzählt, verschiedene magische Leistungen und interessante Geschichten Bardons beschrieben, die bis dato unveröffentlicht sind. Es werden auch seine drei Lehrwerke und deren Wirkung auf die Öffentlichkeit von einem anderen, unbekannten Standpunkt geschildert, welcher durch bisher schwer zugänglichen Schriften unterstützt wird. Als Krönung wird seine aus dem tschechischen übersetzte „Runenschrift" zum ersten Mal veröffentlicht. Auch einige Seiten aus anderen unveröffentlichten Schriften von ihm sowie interessante Fotos des Meister Bardon und seiner Freunde werden hier preisgegeben und vieles, vieles mehr.

*

In Verbindung mit der Gottheit
Hohenstätten

Über das Thema der Gottverbundenheit mit all seinen Formen und

Methoden wurde bis heute noch nie ein Buch verfasst geschweige denn eine Schrift geschrieben. Man findet in der okkulten wie in der östlichen Literatur nur spärliche Hinweise, die größtenteils verschlüsselt sind oder so geschrieben wurden, dass man sie kaum versteht. Im Gegensatz dazu wird in diesem Buch offen dargelegt, dass das 1. kleine Arkanum der 78 Tarotkarten die Gottverbundenheit in ihrer Reinform darstellt.

*

Hermetische Heilmethoden
Hohenstätten

Dieses Buch stellt in der okkulten Literatur ein absolutes Unikum dar, denn über die Gesamtheit der okkulten Heilmethoden wurde bis jetzt noch NIE etwas Sinnvolles geschrieben. Es werden alle Heilmethoden erwähnt, die der hermetische Schüler mit Hilfe seiner bisher erlangten Konzentrationsfähigkeit ausüben und verwenden kann.

*

Erste hermetische Zeitschrift

„Der hermetische Bund teilt mit" ist eine der wenigen magisch-mystischen Zeitschriften, welche sich soweit als möglich auf die universelle Lehre von Franz Bardon bezieht. Sie versucht sich an die Gesetze des 4-poligen Magneten zu halten und vermittelt Wissen sowie Hinweise für die Praxis, damit der Leser die Möglichkeit hat, sie in seinen hermetischen Weg aufzunehmen und für sich gewinnbringend zu verarbeiten.

Noch viel mehr hermetische Literatur finden Sie auf unserer Website: http://www.hermetischer-bund.com.

Viel Vergnügen beim Stöbern!

Der Verlag